创新网络韧性

数智时代
中国企业高质量发展
动力机制与进化逻辑

李 飞 ◎ 著

中国财经出版传媒集团
经济科学出版社
Economic Science Press
·北 京·

图书在版编目（CIP）数据

创新网络韧性：数智时代中国企业高质量发展动力机制与进化逻辑 / 李飞著. -- 北京：经济科学出版社，2025.6. -- ISBN 978-7-5218-6942-2

Ⅰ. F279.23

中国国家版本馆 CIP 数据核字第 2025YB4626 号

责任编辑：崔新艳
责任校对：王京宁
责任印制：范 艳

创新网络韧性：数智时代中国企业高质量发展动力机制与进化逻辑
CHUANGXIN WANGLUO RENXING：SHUZHI SHIDAI ZHONGGUO
QIYE GAOZHILIANG FAZHAN DONGLI JIZHI YU JINHUA LUOJI
李 飞 著
经济科学出版社出版、发行　新华书店经销
社址：北京市海淀区阜成路甲 28 号　邮编：100142
经管中心电话：010-88191335　发行部电话：010-88191522
网址：www.esp.com.cn
电子邮箱：espcxy@126.com
天猫网店：经济科学出版社旗舰店
网址：http://jjkxcbs.tmall.com
北京季蜂印刷有限公司印装
710×1000　16 开　11.25 印张　200000 字
2025 年 6 月第 1 版　2025 年 6 月第 1 次印刷
ISBN 978-7-5218-6942-2　定价：58.00 元
(图书出现印装问题，本社负责调换。电话：010-88191545)
(版权所有　侵权必究　打击盗版　举报热线：010-88191661
QQ：2242791300　营销中心电话：010-88191537
电子邮箱：dbts@esp.com.cn)

本书为国家自然科学基金面上项目"超循环理论视角下数字制造型跨国公司知识网络韧性与竞争优势研究：全球韧性构建及循环进化逻辑"（项目批准号：7247020468）与教育部人文社会科学研究一般规划项目"美国技术脱钩下我国跨国企业全球创新网络韧性促进高质量发展的效应识别与作用机制"（项目批准号：24YJA790020）的研究成果。

前　言

　　以创新驱动引领高质量发展是中国式现代化的本质要求。近年来，中国企业开放式创新频繁遭遇美国技术封锁等知识解耦事件冲击，打造更具韧性的创新网络成为冲破桎梏的关键着力点。党的二十大报告要求加速形成具有全球竞争力的开放创新生态。[①]习近平总书记强调，我们要更加主动地融入全球创新网络，在开放合作中提升自身科技创新能力；越是面临封锁打压，越不能搞自我封闭、自我隔绝，而是要实施更加开放包容、互惠共享的国际科技合作战略。[②] 数字经济下，创新资源呈指数型增长，创新边界不断拓宽，创新网络成为塑造企业竞争优势的核心动力，然而其高风险性与高脆弱性不容忽视。实证研究发现，创新网络失败率高达 15%～60%。随着知识解耦逆境事件的频发，"黑天鹅"事件已屡见不鲜。2018 年以来，美国等西方国家罗列限制性实体清单、

[①] 习近平：高举中国特色社会主义伟大旗帜　为全面建设社会主义现代化国家而团结奋斗——在中国共产党第二十次全国代表大会上的报告［R］. 中国政府网，https//www. gov. cn/xinwen/2022 – 10/25/content_5721685. htm.

[②] 习近平：在科学家座谈会上的讲话［R］. 求是网，http//www. qstheory. cn/yaowen/2020 – 09/11/c_1126484063. htm

外资国家安全审查、技术封锁与出口管制等各种名目，妄图在我国关键核心技术突破的紧要阶段实施"断链脱钩"，从根本上切断知识要素流动，将核心知识辖制在"小院高墙"内。知识解耦事件冲击了企业创新网络中知识的相互作用，导致组织间知识耦合断裂及知识组合可能集缩窄，数字连通性加剧了合作伙伴解耦风险及传染效应，高风险强波动新常态下中国企业构建具有韧性的创新网络迫在眉睫。

然而，理论界虽然对组织韧性的内涵从多学科视角进行了深入剖析，对组织间创新网络韧性却鲜少明确界定识别或阐释作用原理。更为矛盾的是，新近研究指出，企业维持韧性所需的资源冗余与战略敏捷性会导致成本骤增和效率下降，可能与标志企业高质量发展的全要素生产率提升背道而驰；"低效"与高效之间表面的悖论性在理论上尚未解答与验证，以致企业针对创新网络韧性的战略决策踌躇不决，导致贻误战机而受制于人。这些使得回答"技术脱钩逆境冲击下，中国企业创新网络韧性能否提升高质量发展水平，如何产生作用及在什么条件下产生作用"具有深刻的理论价值与紧迫的现实需求。

已有聚焦到创新网络结构与企业发展的研究，大多基于西方的社会网络分析视角，认为核心企业网络位置与嵌入性影响了创新绩效或财务绩效，构建了"结构—资源（能力）—绩效"研究框架，提出：网络结构通过优化资源配置、增强技术研发能力和机会识别能力等提升企业绩效，数字化转型新情景增强了利用创新网络的积极影响。这类视角假定了企业是网络结构与位置的被动接受者，默认创新网络结构与嵌入性特征在不同场景与企业特征下通用，对美国技术脱钩等新情景和数字企业的讨论不充分。网络编排研究将视角从企业被动嵌入创新网络转向主动编排创新网络，即核心企业为发起和管理网络而采取深思熟虑且目的明确的网络设计。然而，基于网络编排理论的既有研究主要基于个案讨论及特定网络情境展开，缺乏以韧性为目标的创新网络结构识别与影响效果定量验证。本书遵循网络编排理论假定，认为核心企业作为"网络设计师"能够主动构建具有韧性的创新网络结构位置，这对在知识解耦事件不断加码下的中国企业构建"以我为主，为我所用"的创新网络具有重要的指导价值。

本书立足于韧性视角，借鉴超循环进化逻辑，提出中国企业创新网络韧性的标志性概念，探索数智时代中国企业创新网络韧性对高质量发展的影响机制与进化逻辑。全书共分为八章。第一章为创新网络韧性新概念的提出，阐述了数字全球化与乌卡时代企业创新网络与高质量发展所面临的挑战。本书在此背景下提出创新网络韧性的概念内涵、价值意蕴与超循环进化逻辑。第二章为理论基础，从理论变革、风险挑战与韧性形成几方面系统梳理了数智时代创新网络嵌入与企业竞争优势的相关理论，科学阐明了超循环理论指导的创新网络韧性与形成逻辑的学理基础，指出数智时代中国企业创新网络韧性提出的理论意义。第三章在美国技术脱钩场景下论证创新网络韧性与中国企业高质量发展的理论机理与实证证据，构建网络的局部松散度、模块跨越度、中心解耦度等结构韧性指标，采用三重差分法进行韧性识别并检验其对中国企业高质量发展的影响效果、边界条件与动力机制。第四章从数实孪生机制视角探索数智时代中国企业创新网络的进化逻辑与实证证据，且在不同国际循环依存度下展开异质性分析。第五章将创新网络韧性跃迁至全球视角，测度全球创新网络韧性并论证其提升国际竞争优势的机理、证据与策略。第六章将虚拟距离整合到以前的文化、行政、地理和经济距离框架中，分析数智时代数字创新的全球网络效应与国际渗透速度，加深对数字环境下创新国际化速度的理解。第七章对如何构建创新网络韧性提出前瞻性策略，特别关注了数字型跨国并购、国际数字平台的网络韧性构建与人工智能（AI）善智的战略选择。第八章系为本书的总结与未来展望。

本书不仅从理论上打通了创新网络韧性识别的堵点，揭开了韧性与效率悖论的机制黑箱，也为打造强健韧性与高度可靠的创新网络、促进中国企业高质量发展提供了经验证据。本书内容展示了数智化时代与美国技术封锁新情况下创新网络编排理论与企业韧性理论的最新进展，对于引导中国企业创新生态设计与韧性战略决策、利用全球网络兼顾开放与风险、扭转被动局面赢得主动权具有重要的参考价值。

在本书推进过程中，许多人在资料收集、整理和分析工作中作出了重要贡献，他们是北京邮电大学陈一灵、王瑞、赵阳、李烨荧、吴夏均、曾凡芮、刘乐桐、庄梦渝。在此特别向上述诸位表示深深的谢意！

感谢家人长伴，你们的爱与支持使每一个平凡的日子都闪闪发光！

感谢北京邮电大学陈岩教授、北京师范大学焦豪教授、浙江大学马述忠教授、中国人民大学易靖韬教授、中山大学李兵副教授、英国雷丁大学刘毅鹏教授、美国休斯敦大学 Jaime Ortiz 教授对本书提出的宝贵建议。感谢 2018～2024 年 Academy of International Business 国际商务全球年会的邀请，使本书的系列成果得以在国际商务全球顶级会议中得到广泛而深入的研讨，使本书内容得以改进而更臻完善。

本书的出版得益于经济科学出版社经管编辑中心的大力支持，感谢编辑老师专业细致的工作。

本书的读者对象包括数字全球化与创新网络领域研究者、企业创新战略与国际商务决策者、政策制定者以及对中国企业高质量发展感兴趣的广大读者。

本书撰写过程中参考了国内外学者的研究成果，谨向各位学者表示真诚的敬意和感谢！本书存在的不足之处，敬请读者和学术界的同仁不吝指正。

"千磨万击还坚劲，任尔东西南北风"，谨以此书与各位读者共勉！

李 飞

2025 年 3 月

目 录
CONTENTS

第一章　创新网络韧性概述：新概念的提出 / 1
　　第一节　数智时代企业竞争优势的形成路径 / 1
　　第二节　黑天鹅还是白天鹅：乌卡时代的挑战 / 2
　　第三节　创新网络韧性的内涵与价值意蕴 / 5
　　第四节　创新网络韧性的超循环进化逻辑 / 7

第二章　创新网络韧性与中国企业高质量发展的理论基础 / 9
　　第一节　数智时代企业竞争优势：理论变革、风险挑战
　　　　　　与韧性形成 / 9
　　第二节　数智时代跨国公司全球创新网络嵌入与国际
　　　　　　竞争优势 / 14
　　第三节　超循环理论指导的创新网络韧性与形成逻辑的
　　　　　　学理基础 / 17
　　第四节　数智时代中国企业创新网络韧性提出的理论意义 / 19

**第三章　美国技术脱钩下创新网络韧性与中国企业
　　　　　高质量发展 / 24**
　　第一节　美国技术脱钩的背景、历史演变和现状 / 24
　　第二节　技术脱钩下创新网络韧性与企业高质量发展
　　　　　　理论机理 / 25

第三节 技术脱钩下创新网络韧性与企业高质量发展的研究设计 / 29

第四节 技术脱钩下创新网络韧性与企业高质量发展的实证证据 / 33

第四章 数智时代中国企业创新网络的进化逻辑：数实孪生机制 / 39

第一节 数实孪生机制视角下企业创新网络进化的理论逻辑 / 40

第二节 数实孪生机制视角下企业创新网络效率与技术创新的研究设计 / 48

第三节 数实孪生机制视角下企业创新网络效率与技术创新的实证证据 / 52

第四节 不同国际循环依存度下的异质性分析 / 58

第五章 全球视野下的中国企业创新网络韧性与国际竞争优势 / 60

第一节 从本土到全球：创新网络韧性的跃迁 / 60

第二节 全球创新网络韧性提升国际竞争优势的理论机理 / 61

第三节 全球创新网络韧性提升国际竞争优势的实证证据 / 64

第四节 全球创新网络韧性提升国际竞争优势的策略 / 79

第六章 数智时代数字创新的全球网络效应与国际渗透速度 / 83

第一节 数智时代数字创新国际渗透模式的重要变革 / 83

第二节 数字创新的全球网络效应克服多维国际化障碍 / 87

第三节 数字创新全球网络提升国际渗透速度的理论机理 / 90

第四节 数字创新全球网络提升国际渗透速度的实证证据 / 96

第七章　构建创新网络韧性的战略选择：新兴技术与数字型跨国并购 / 111

  第一节　AI 善智与创新网络韧性：数智时代的可持续创新 / 111

  第二节　国际数字平台网络韧性构建：区块链技术去中心化 / 115

  第三节　数字型跨国并购与创新网络韧性：催化还是抑制 / 132

第八章　总结与展望 / 137

  第一节　数智时代创新网络韧性与中国企业高质量发展研究总结与启示 / 137

  第二节　数智时代创新网络韧性与中国企业高质量发展研究展望 / 141

参考文献 / 144

第一章　创新网络韧性概述：新概念的提出

第一节　数智时代企业竞争优势的形成路径

党的二十大报告强调："推进高水平对外开放。依托我国超大规模市场优势，以国内大循环吸引全球资源要素，增强国内国际两个市场两种资源联动效应，提升贸易投资合作质量和水平。"[①]《2022年度中国对外投资统计公报》显示，截至2022年底，中国2.9万家境内投资者在国（境）外共设立对外直接投资企业4.66万家，分布在全球190个国家（地区）。长期以来，中国跨国公司竞争优势的形成并未遵循传统内部化理论的"优势利用逻辑"，而是遵循了LLL理论、跳板路径、复合基础观（Mathews，2006；Luo and Tung，2007；Luo and Tung，2017；Luo，2015）等指出的通过与发达国家企业建立连接进而整合外部知识的"优势寻求逻辑"。

然而，数字技术已成为全球改变国际竞争格局的核心推动力量，逆全球化浪潮在地缘政治的主导和技术封锁的手段下愈演愈烈，中国企业通过嵌入全球创新网络获取核心知识、形成竞争优势的跨越式发展路径，面临新机遇和新挑战（田秀娟和李睿，2022；陈晓红等，2022；曲永义，2022）。

第一，中国智能制造企业利用数字技术的连通性和融合性带来的机

[①] 习近平：高举中国特色社会主义伟大旗帜　为全面建设社会主义现代化国家而团结奋斗——在中国共产党第二十次全国代表大会上的报告 [R]. 中国政府网，https://www.gov.cn/xinwen/2022-10/25/content_5721685.htm.

遇，将物理世界的有形资产与数字基础设施和数字资产进行捆绑，通过重构全球创新网络，在日益激烈的国际竞争中实现转型升级（Miao，2022；Zheng et al.，2020）。数字制造型跨国公司是指将数字技术与有形产品的生产、交付、运营与客户管理等各环节有机联系与深度融合，在多个国家进行价值创造和捕获的公司（Luo，2023；Lee et al.，2023；Das and Dey，2021；Miao，2022；WEF and McKinsey，2019）。我国制造业已形成一批全球先进数字制造型跨国公司，截至2023年12月，世界经济论坛评选的领跑第四次工业革命的全球"灯塔工厂"已上升到153家，中国上榜企业达62家，占比为40.52%，全球第一，包括海尔、联想、美的、潍柴、三一重工等。然而，数字制造产业存在显著的规模效应和马太效应，引领者和头部企业"赢者通吃"，技术落后的企业则直接成为全球市场的"外部者"（WEF and McKinsey，2023）。数字制造已成为"再工业化"的发达国家重点发展的核心产业，是数字经济国际竞争的主战场，也是数实融合获取高附加值的竞争新赛道。制造业作为我国立国之本、强国之基，加快构建中国数字制造型跨国公司的国际竞争优势，是实现中国式现代化的重要抓手。

第二，数字技术显著提升了通过全球创新网络构建竞争优势的可行性和紧迫性。数字技术的可生成性、可供性、模块化等特征使知识属性从高度嵌入并依附于有形资产逐渐走向开放性、可编程性和网络结构共同所有化（李飞等，2019；Banalieva and Dhanaraj，2019；Luo，2022）；使创新网络可以通过数字连接，跨越国家与组织的边界、硬件与软件的边界、实体与数字的边界，显著缩小知识转移的时间间隔和空间间隔（张文魁，2022）。与此同时，数字技术的开放性、生成性、系统性和快速迭代性，决定了数字制造型企业必须打破组织内外边界、主动利用全球创新网络进行开放式协作（李雪松等，2022；刘洋等，2020）。

第二节　黑天鹅还是白天鹅：乌卡时代的挑战

在数字经济时代，创新资源呈现指数型增长，创新边界持续拓展，创新网络已成为塑造企业竞争优势的核心载体。然而，这一网络的高风险性与高脆弱性正演变为高质量发展的关键瓶颈，而近年来频发的知识解耦事件更将这种风险推向新高度。近年来，美国等西方国家通过实体清单、技术封锁、"小院高墙"等系统性手段，在我国关键核心技术攻坚阶段实施"断链脱钩"，严重冲击创新网络中知识要素的流动与重组。这种态势导致组织间知识耦合断裂、知识组合可能急剧缩窄，而数字联通性更放大了解耦风险的传染效应。在此高风险、强波动的新常态下，构建具有韧性的创新网络已不仅仅是中国企业的战略选择，更是关乎技术自主可控的生存命题。

需警惕的是，现有的理论研究与紧迫的现实需求显著脱节。一方面，尽管组织韧性研究已形成多学科视角，但对创新网络韧性的概念界定、作用机理仍缺乏系统阐释；另一方面，新近研究发现，企业为维持韧性所构建的资源冗余与战略敏捷性，可能引发成本骤增与效率损失——这种"韧性悖论"与高质量发展要求的全要素生产率提升形成尖锐矛盾。理论界既未能破解这种表象悖论，也未能为企业的战略决策提供科学依据，致使企业在知识解耦的冲击下陷入"韧性建设迟疑→创新网络失效→技术受制于人"的恶性循环。

这迫切要求我们回答三个核心问题：（1）在知识解耦的逆境冲击下，创新网络韧性能否真正促进中国企业全要素生产率提升？（2）其作用路径如何？（3）需要哪些边界条件？对这些问题的解答，不仅将填补创新网络韧性理论的研究空白，更将为我国企业在"卡脖子"技术攻关中构建抗冲击、可持续的创新生态系统提供关键决策依据。

从理论进展来看，尽管近期研究强调以复杂性、不确定性和脆弱性为标志的乌卡时代已成为国际商务新常态，跨国企业必须积极构建韧性（Cui et al., 2023; Nambisan and Luo, 2021），且数字化背景下外部网络是形成国际竞争优势的重要战略资源（Banalieva and Dhanaraj, 2019; Li et al., 2024），但无论是内部化的"优势利用逻辑"还是全球网络嵌入的"优势获取逻辑"，均未能对跨国公司如何构建创新网络韧性及竞争优势的形成过程予以解答。

具体而言，内部化逻辑解释了拥有核心资源的企业为什么以及何时进行跨国界的内部化（Buckley and Casson, 1976; Hennart, 1982）。乌普萨拉模型提出，网络关系和网络位置是企业获取国际化所需知识和进入国外市场的重要方式（Johanson and Vahlne，2009）。数字化背景下的研究认为，数字企业通过在跨国经营中与内外部成员的松散耦合关系获取国际化知识和能力（Banalieva and Dhanaraj，2019；Nambisan and Luo，2021；Vahlne and Johanson，2021），从而提出外部网络资源是重要的企业特定优势（Faroque et al.，2022；Hohenthal et al.，2014）。但面对国际市场的风险和不确定性，企业如何处理外部网络关系，相关研究存在"先发制人"还是"静观其变"的重大分歧（Vahlne，2020；Jonsson and Vahlne，2023；Clarke and Liesch，2017），因而无法对跨国公司如何构建网络韧性形成指导。更为重要的是，这些研究是解释发达国家的成熟跨国公司在具备核心知识的情况下，利用网络获得海外市场和国际化知识以形成竞争优势的过程，这对新兴市场的跨国公司缺乏解释力。

遵循"优势寻求逻辑"的全球网络嵌入的相关研究发现，缺乏内部化优势的企业对发达国家的企业进行海外并购，特别是与全球网络中心位置的企业相连，有利于实现中国企业从全球创新网络边缘到中心的跃升（Chen et al.，2021；李飞等，2019）；提升嵌入全球创新网络的中心性、结构洞、关系强度等有助于增强网络控制力，获取多元知识来源，构筑"网络优势"，提高企业国际市场地位（Faroque et al.，2022；李鹏等，2022）。新近研究指出的数字技术的无边界性、互联性与不确定性等对企业创新网络嵌入的已有观点构成挑战（郭海和韩佳平，2019；鲁若愚等，2021）。一些研究将数字化转型作为情景变量，发现扩大全球创新网络的嵌入范围和深度有利于企业创新（李雪松等，2022；杨震宁等，2021）。然而，逆全球化冲击下高密度中心性网络表现脆弱，更容易遭受断链脱钩的冲击（Vahlne and Johanson，2021；Luo，2022），数字联系放大了跨国公司受到合作伙伴相关风险和外部冲击的影响，更快地传播连锁反应，使跨国公司所在的网络结构变得脆弱（Nambisan et al.，2019）。这些研究结论缺乏从韧性角度细致剖析全球创新网络对国际竞争优势的影响机制，有待在"逆全球化"冲击下进行重新审视和检验。

因此，数字技术驱动和"逆全球化"冲击所形成的动态非稳定环境下，数字制造型跨国公司创新网络韧性如何构建、创新网络韧性提升国际竞争优势的形成过程是什么等关键理论问题，已成为国内外学术前沿的焦点问题和难点问题。

第三节 创新网络韧性的内涵与价值意蕴

本书借鉴生物进化论的超循环理论，提出网络优势的全新发展方向——网络优势并非来自"强大"，而来自"适应"，从而将网络优势的研究焦点从提升网络规模与中心位置转向探索在面对内生与外生扰动时应具备的防御力、重构力、适应力，通过动态重构进化实现更高层次稳态的创新网络韧性特征。

一、创新网络的内涵与边界

已有研究指出，创新网络中知识元素的流动、转移与扩散有利于提升企业创新绩效。知识耦合理论进一步提出，知识元素之间的关联关系比知识元素本身更重要，新知识元素的生成与发明创新是通过跨领域知识组合实现的。创新网络的界定分为两个层次。多数研究借鉴社会网络理论将创新网络视为以知识主体（企业、组织及机构等）为节点、以信息或知识流动为连接所构成的网络；少数研究将创新网络视为以知识元素为节点、以知识元素之间的耦合关系为连接构成的网络。这些研究中仅考虑单一层次，未能将知识主体连接与知识耦合关系嵌套考虑。尽管一些研究提出创新网络双重嵌入的重要性，但是其网络构建中企业关系与知识关系是割裂的。基于此，本书构建了双层嵌套式创新网络（见图1-1），将企业的知识库看作由知识元素之间的耦合关系形成的网络，记录了知识元素在以往创新发明中的组合和关系，反映了未来潜在的知识元素间重新组合的可能性。这有助于将创新网络的企业主体间的创新合作与其知识库中知识元素的相互联系嵌套在一起进行综合考虑，更好地理解与美国技术脱钩的本质是切断我国企业的高端知识流动及知识之间的耦合关系，从而为深层次地、微观地对创新网络韧性进行界定与识别奠定基础。

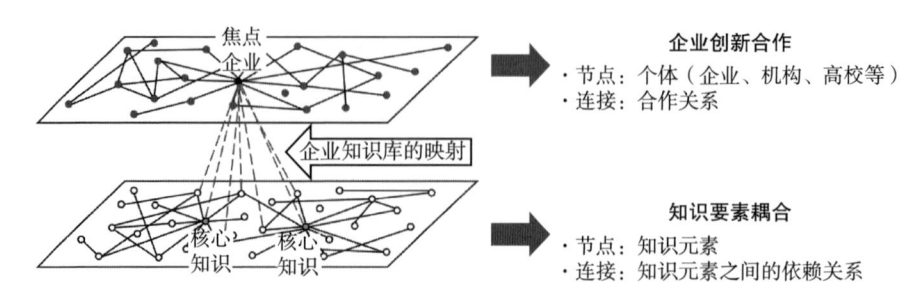

图 1-1 对企业创新网络的解构

二、创新网络韧性的界定与识别

韧性是指在面临负向冲击时保持、恢复甚至提升功能的能力。与组织韧性相比，系统韧性更加复杂，核心企业面临着"生态脆弱性"的困扰——这不仅与参与者个体韧性相关，还具有从微观到系统的整合效应。系统韧性的已有研究指出，结构是韧性的重要来源。甄珍和王凤彬（2022）提出不同松散耦合结构对应不同程度的系统韧性，主张"结构-韧性"的共演特征，即结构演化伴随着韧性提升。新近研究提出，韧性表现为网络结构去中心化、模块化、整合性与冗余性（Ramezani et al.，2020）。也有研究发现，企业在生态系统中的局部网络耦合度和中心组件依赖度将降低企业在负向冲击中的绩效（Burford et al.，2021）。尽管系统韧性的研究尚未推进到创新网络层面，且"结构-韧性"共演视角下为数不多的研究采用了定性方法，但系统韧性的特征为本书界定与定量测度创新网络韧性提供了思路。

本书借鉴"结构-韧性"共演的系统韧性视角定义创新网络韧性。从结构层面定义，创新网络韧性指企业创新网络具备在遭受逆境事件时仍能保持功能的网络结构。从跨层次视角定义，创新网络韧性指企业创新网络在遭受外部扰动时，仍能保持其知识要素及其耦合关系持续、稳定和适应的网络结构。

三、提出中国企业创新网络韧性的价值意蕴

第一，在全球创新网络嵌入理论中提出"网络韧性"的概念并有效识别。本书在中国企业全球创新网络嵌入理论中加入了美国技术脱钩的新研

究情景，从网络韧性的去中心性、松散性、冗余性等角度进行创新网络韧性的测度识别，以网络编排视角解决中国企业如何主动性设计和治理全球创新网络，弥补了社会网络方法设定网络的被动性嵌入的不足，回答了中国企业在全球创新合作面临外部打压与关系断裂风险下如何"与狼共舞"的问题。

第二，通过建构"开放合作"导向的企业高质量发展范式，突破了西方传统竞争优势理论的局限性。基于资源基础观和内部化优势理论的西方范式，长期强调通过资源垄断和隔离机制构建竞争优势，其"去风险化"的逻辑实质是以技术脱钩维持霸权地位。本书创新性地构建了"全球创新网络韧性–高质量发展"的联动分析框架，揭示了二者的动态耦合机制与情景条件。这种新范式通过动态能力培育、网络关系重构、制度环境适配三重路径，实现了从隔离防御到开放创新的竞争优势范式转换。

第三，有助于提出中国跨国企业由全球网络被动嵌入转向网络韧性主动构建的新路径思路，有助于构筑自立自强的数字技术创新体系，规避其他国家利用"脱钩断链"方式打击我国在制高点上创新能力的风险。

第四节 创新网络韧性的超循环进化逻辑

超循环理论由联邦德国生物物理化学家曼弗雷德·艾根（Manfred Eigen）于20世纪70年代创立，是从生物进化演变机理中研究得出的一种具有普适性的复杂系统理论，是非平衡系统自组织理论的一个重要学派（Eigen，1971）。其核心思想在于：从非生命物质向生命物质的进化不在于细胞单元的遗传密码是唯一可行选择，而在于单元之间一旦形成超循环结构，即使存在一定的内外部变化，系统依然能向更高的有序状态进化（沈小峰和曾国屏，1989）。

借鉴生物进化论的超循环理论，本书提出一种网络优势的全新发展方向——网络优势并非来自"强大"，而来自"适应"，从而将网络优势的研究的焦点从提升网络规模与中心位置，转向探索在面对内生与外生扰动时应具备的防御力、重构力、适应力，通过动态重构进化实现更高层次稳态的创新网络韧性特征。在内生数字技术变革和外部"逆全球化"冲击背景下，从创新网络韧性视角揭示中国数字制造型跨国公司国际竞争优势的循环进化逻辑，不仅具有深刻的理论拓展潜质，也具有重要的实践意义。

有研究已提出数字制造企业"产品分工"的智能互联、数实孪生等特征（江小涓和靳景，2022；曹鑫等，2022）。本书从"知识分工"角度探索数字制造型跨国公司的数实双元网络特征，继而刻画并测度焦点数字制造型跨国公司对数字子网络与实体子网络的连接强度，反映企业对不同子网连接的松散耦合关系（杨震宁等，2021；李雪松等，2022），深入分析不同子网络连接对国际竞争优势影响的机制差异性，进一步探索双元嵌入的非平衡势差是否具有韧性、如何促进国际竞争优势。

已有研究对双元网络嵌入平衡机制的理解基于工程平衡观和单一稳态假设，认为不同子网络之间的平衡嵌入有助于利用各网络的资源和"补短板"（Patel et al.，2014；李飞等，2019；杨震宁等，2021），但忽略了企业被锁定在"低阶平衡"与外部冲击下创新网络分解的风险（王凤彬等，2012）。本书体现了超循环理论的非平衡系统观、低阶平衡向高阶平衡攀升的演进韧性观，即创新网络韧性是在内外部冲击下打破低阶平衡、经由适应性重构形成高阶平衡的过程；子网络之间的非平衡性是常态，有助于在不稳定环境中通过促进子网络之间的能量流动形成向高阶攀升的动力机制。数字子网与实体子网关系存在低阶平衡、高阶平衡与非平衡之间的关系。本书提出：遭受逆全球化冲击后，数字制造型跨国公司的数字网络强度与实体网络强度之间的非平衡性关系呈现出更强的韧性，即提升国际竞争优势的可能性更大。数字跨国公司的数字网络与实体网络之间的交叉增进越强，二者强度的非平衡性对国际竞争优势的正向作用越强。

第二章　创新网络韧性与中国企业高质量发展的理论基础

第一节　数智时代企业竞争优势：理论变革、风险挑战与韧性形成

数字技术已成为包括制造业在内的跨国公司为全球客户创造和交付价值的重要工具（Nambisan and Luo，2021；陈冬梅等，2020；陈威如和王节祥，2021；刘洋等，2020）。数字制造型跨国公司将数字技术与生产、交付、运营与客户管理等各环节有机联系起来并深度融合，将物理世界的有形资产与数字基础设施和数字资产进行捆绑，在日益激烈的国际竞争中利用数字连通性和数实融合形成新优势（Luo，2023；Lee et al.，2023；Das and Dey，2021；Miao，2022；WEF and McKinsey，2019）。现有研究指出，数字制造型跨国公司通过访问开放性资源、整合外部资源、构建全球技术溢出渠道、推动自身数字化转型等方式，采用数字化手段搜寻与整合组织外部资源以提升其核心竞争力（Del Giudice et al.，2021；Ipsmiller et al.，2022；Miao，2022；Zheng et al.，2020）。围绕数字技术下的跨国公司国际竞争优势的理论变革、风险挑战与韧性形成的研究层层推进。

一、内部化理论与网络理论对跨国公司国际竞争优势的解释

这些研究指出，数字技术深刻改变了自1960年以来以制造要素流动为核心的跨国公司理论（Li et al.，2024；吴先明，2019；Nambisan et al.，2019；Vadana et al.，2019），特别是挑战了跨国公司传统优势背后的基本

假设，跨国公司的组织边界、竞争优势、国际化竞争方式等在数字全球化背景下发生了改变（见图2-1）（Banalieva and Dhanraj, 2019；Monaghan et al., 2020；Nambisan, Zahra et al., 2019；Stallkamp and Schotter, 2021；Verbeke and Hutzschenreuter, 2020）。

内部化理论解释了企业为什么以及何时进行跨国界的内部化（Buckley and Casson, 1976；Hennart, 1982），预测了跨国公司企业特定优势的可转移性（Rugman and Verbeke, 1992, 2003）和区位绑定性，强调组织内部资源与知识的隔离机制是跨国公司竞争优势的来源。数字技术的天然动态性和无限延展性等特征，提升了企业特定优势和知识的跨境可转移性，更重要的是改变了优势的本质（Strange and Zucchella, 2017），数字化背景下跨国公司的竞争优势不仅来自企业内部已拥有的资源和知识，还扩展到企业能够通过各种网络从外部访问和获取的能力（Banalieva and Dhanraj, 2019；Hennart, 2019；Luo, 2021；Zeng et al., 2019）。一些研究将数字化背景下跨国公司内部化理论的范畴从"组织内部"拓展到外部网络层面，如本地网络（Zeng et al., 2019）、用户网络（Chen et al., 2019）、跨国网络（Stallkamp and Schotter, 2021）等，从网络视角探索数字化背景下跨国公司国际竞争优势的形成机制，以拓展内部化理论对数字跨国公司国际竞争优势的解释能力。有研究指出，没有一家公司拥有不断变化的市场和新知识所需的所有资源，网络关系和网络位置被视为企业获取其他企业所持有资源和进入国外市场的重要方式（Johanson and Mattsson, 1987；O'Gorman and Evers, 2011；Mort et al., 2012）。乌普萨拉模型指出，当一家公司进入新的外国市场时，如果它在外国市场上几乎没有网络关系，对市场和其他资源约束将缺乏了解，将面临外部者劣势（Johanson and Vahlne, 2009）。数字化背景下的研究进一步认为，数字技术的关系网络是企业在数字经济情境下最稀缺和难以替代的资源，关系网络的识别和建立过程同样也是企业积累跨国经营知识的过程，认为数字企业通过在跨国经营中与内部或外部成员的松散耦合关系来获取国际化的知识和能力（Banalieva and Dhanraj, 2019；Nambisan and Luo, 2021；Vahlne and Johanson, 2021），从而提出，网络资源成为了企业重要的特定优势（Faroque et al., 2022；Hohenthal et al., 2014）。然而，这些研究多关注数字化强度高的数字跨国公司或数字平台企业（Galkina et al., 2023；易靖韬

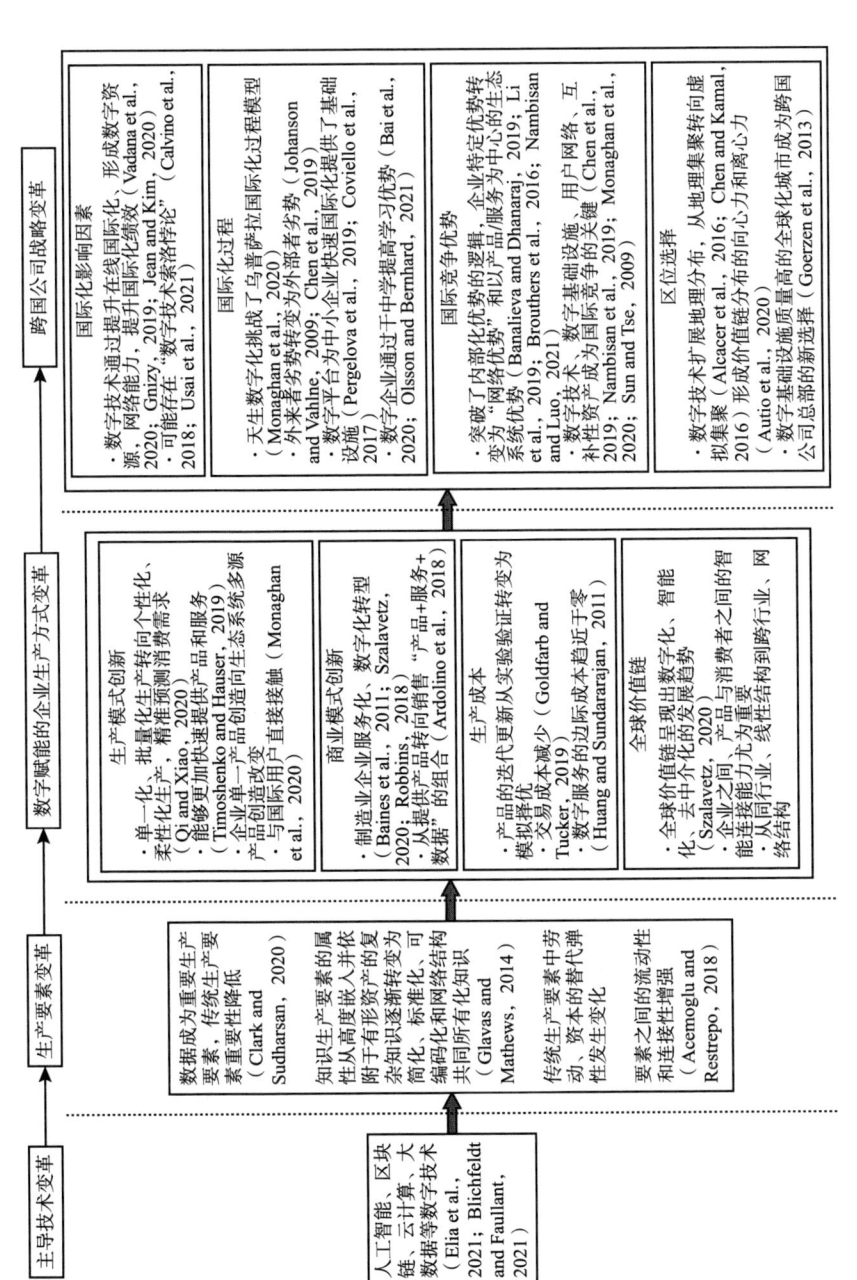

第二章 创新网络韧性与中国企业高质量发展的理论基础 | 11

图2-1 数字技术赋能的跨国公司理论变革

和何金秋，2023），较少关注数字制造型跨国公司的网络特征及国际化优势的形成过程，因而难以解释在数字化和逆全球化冲击下知识如何从网络外部重组并内部化形成企业的国际竞争优势。

二、数字化风险与逆全球化挑战下的跨国公司应对策略

在探讨数字全球化的新机遇的同时，一些研究关注到了数字全球化的阴暗面，如数字技术的中断风险，数字连通性加速和加强了风险的全球性蔓延，数字强度高且缺乏海外实体资产造成虚拟陷阱，企业间缺少面对面交互导致数字不信任等（Dąbrowska et al.，2022；Verbeke and Hutzschenreuter，2021；Trittin-Ulbrich et al.，2021；Turel et al.，2021）。另一些研究围绕逆全球化的起因和对国际商务环境造成的影响展开：逆全球化被定义为"弱化各国相互依赖性的过程"（Witt，2019），中美贸易摩擦和技术脱钩作为逆境事件本质上是切断受冲击区域内的系统的高端要素知识产权、数据、人才与高科技供给（许晖等，2022；Godsell et al.，2023；Luo and Van Assche，2023；裴长洪和刘斌，2020）。数字全球化阴暗面和"逆全球化"交织形成双重挑战，将使数字经济中全球合作伙伴的知识相互依赖性面临不稳定、不确定、复杂、模糊的国际市场环境（Cui et al.，2023；Luo，2022；Nambisan and Luo，2021）。在此背景下，一些学者开始探讨国际化企业如何应对逆全球化危机和数字化风险，从资源基础观（Resource-Based View，RBV）和资源编排视角（resource orchestration theory）将数字化转型和危机中的商业模式变革看作对组织内部资源的构建和重新编排，使资源组合适应环境变化，最终企业绩效和国际化表现在危机中更加具有连续性和恢复力（Attah-Boakye et al.，2023；Bhandari et al.，2023；Li et al.，2023）。围绕动态能力理论（dynamic capability theory）的研究则将视角放在培养高阶能力（非普通能力），如战略敏捷性、企业动态数字能力等，这些均使企业对动态复杂的国际市场环境进化适应形成竞争优势（Adomako et al.，2022；Ahammad et al.，2021；Mele et al.，2023；Zahra et al.，2022）。然而，资源基础观和动态能力理论视角的前提假设是企业必须占有高价值、稀有、难以模仿、无法替代特征的资源（Valuable，Rare，Inimitable and Non-Substitutable，VRIN），或必须形成较强的高阶能力（higher order capability）和差异化能力，获得持续竞争优势（Powell，

1992；Bates and Flynn，1995；Litz，1996；Teece，2014）。这难以解释以中国为代表的新兴市场国家的跨国公司在缺少"核心资源"的情况下韧性构建的过程。

三、跨国公司韧性构建与国际竞争优势的相关讨论

一些研究关注了组织层面的数字韧性（即企业克服数字技术中断风险的能力）对国际化深度与广度的影响，另一些研究关注系统韧性层面（如全球价值链韧性）的影响因素、演化机制等（Choksy et al.，2022；Li et al.，2023；Islam and Chadee，2024；甄珍和王凤彬，2022）。从战略路径来看，韧性可以分为干预型韧性（resilience by intervention）与设计型韧性（resilience by design）。干预型韧性侧重于通过冲击后采取的外部干预措施来恢复韧性，如现有研究关注调整创新战略、重新部署国际化路径、重新编排资源等，以在冲击后达到新的均衡（Attah-Boakye et al.，2023；Bhandari et al.，2023；Luo and Witt，2021）。设计型韧性通过前瞻性设计促进系统内生重组，如一些研究强调提升供应链知识准备度、保持资源冗余和国际化策略的多样性等，以保持业务稳定性（Gereffi，2020；Verbeke，2020；Orlando et al.，2022；宋耘等，2021）。尽管有学者研究发现两种战略路径同样有效（Grego et al.，2024），但已有文献对如何区分两条路径研究得并不清晰（Conz and Magnani，2020），且对如何通过前瞻性设计赋予系统韧性的研究明显不足（Floetgen et al.，2021）。进一步而言，两种战略路径具有互补性。一些学者指出，从资源成本来看，设计型韧性初期成本高，但随着时间的推移，边际成本降低；干预型韧性初期成本低，但随着时间的推移，成本累加，或由于多重冲击，成本呈指数增长（Hynes et al.，2022）。然而，以上研究大多为干预型韧性，从设计型韧性视角探索创新网络结构设计和子网关系设计实现国际竞争优势的机制方面的研究不足。同时，尽管已有研究阐明了系统韧性对动态不稳定情景下国际化企业的重要作用（甄珍和王凤彬，2022），但仍然缺乏将系统韧性的考量推进到创新网络层面的研究。

第二节　数智时代跨国公司全球创新网络嵌入与国际竞争优势

创新网络由多个拥有知识的异质性组织作为网络节点相互连接组成，能够强化或者制约各节点对知识的获取、转移和创造的能力（Phelps et al.，2012；Bathelt and Li，2020）。围绕数智时代跨国公司全球创新网络与国际竞争优势的研究主要从四个方面层层推进。

一、基于社会网络方法的创新网络嵌入与国际竞争优势

关注企业对创新网络的嵌入性——关系嵌入、结构嵌入及双重嵌入，网络结构属性——整体网络密度、网络集聚、网络规模，网络位置属性——核心节点的网络中心度、结构洞位置等，以及网络能力对知识转移和知识产出的影响（Ahuja，2000；Dogbe et al.，2020；Yurok and Benito，2017；Li et al.，2019；Wang and Hu，2020）。研究发现，中国制造企业通过在发达国家进行海外并购来实现全球创新网络嵌入，是企业获取竞争优势、实现跨越式发展的重要途径（Liu and Meyer，2020；李飞等，2019；Chen et al.，2021）；提升嵌入全球创新网络的中心性、结构洞、关系强度、网络能力有助于提升中国企业国际市场地位（Faroque et al.，2022；李鹏等，2022）。然而，这类研究被认为仅仅关注了创新网络中主体的连接关系，而忽略了网络构成特别是网络中企业知识的异质性（Phelps，2010）。

二、基于网络构成分析的创新网络与国际竞争优势

有研究开始探索创新网络中不同外部合作伙伴及其异质性知识类型对企业创新的影响（Najafi-Tavani et al.，2018）。相关研究指出，竞争对手、消费者、供应商与大学作为研发伙伴提供的知识类型、本地/全球知识属性和知识转移难度不同（Un and Rodríguez，2018）。有的研究探索了不同子网络的知识特征和子网关系，包括国内与国外创新网络的平衡嵌入与多维跨界搜索、股东关系网络与连锁董事网络的跨网络马太效应等（奉小斌

和周佳微，2021；王慧等，2024）。社会网络与网络构成分析的研究在影响机制分析上多采用网络结构—能力—绩效框架（王黎萤等，2024），将创新能力、海外知识获取能力等作为中介机制，将吸收能力、制度因素等作为重要的情景条件，假定创新网络在检验其对知识成果的影响时是外生二元连接关系随机形成的，网络中的企业是网络结构、位置和构成的被动接受者（Reck et al.，2022）。

三、基于网络编排视角的创新网络与企业创新

有研究将视角从企业被动嵌入创新网络转向主动编排创新网络，即焦点企业为发起和管理网络的构建、协作而采取的深思熟虑的且有目的的行动（王黎萤等，2024；Hurmelinna-Laukkanen et al.，2022；Schepis et al.，2021）。网络编排研究重点关注两个编排元素——网络设计（网络结构、网络位置、网络构成）和编排机制，与技术创新发展和创新绩效密切相关（Rui and Bruyaka，2021；Wegner et al.，2023）。网络设计可以为焦点企业提供结构优势，例如结构洞、企业议价的能力以及在网络中转移知识的中心地位（Ritala et al.，2023）。焦点企业通过网络编排机制（如管理知识流动性、网络稳定性、创新连续性以及网络的创新独占性/专有性）进行网络管理（Du，2021；Gomes et al.，2021；Nambisan and Sawhney，2011；Ritala et al.，2023）。尽管从网络编排视角来看，网络设计与编排机制是两个相互依赖的编排元素，编排机制有助于解释企业获得创新网络优势（结构优势、位置优势和构成优势）的前因和微观基础（Rui and Bruyaka，2021；Dhanaraj and Parkhe，2006），但已有研究大多研究其中的一个方面，对二者互动机制的探索和检验仍然不多。

四、基于数智技术驱动的创新网络变革

这类研究受到广泛关注。研究发现，数字技术的无边界性、互联性与不确定性等对企业创新网络嵌入的已有观点形成挑战（焦豪等，2021；郭海和韩佳平，2019；鲁若愚等，2021）。数字化背景下跨国公司创新网络的知识属性、节点属性、连接属性、结构属性和子网关系等方面均发生了变革（见表2-1）。已有研究指出，新技术的数据同质化和模块可重新编码等特性促进了数字连接的兴起。相比于传统的基于物理世界的网络连

接，数字连接能够通过数字手段或在虚拟世界以更低成本、更快速度、更海量的信息荷载跨越地理边界、产业边界、虚实边界，促进知识流动和创新合作（Nambisan and Luo，2021；Beltagui et al.，2020；Monaghan et al.，2021；Lopez-Vega and Moodysson，2023；Benitez et al.，2022；Rocha et al.，2022）。由数字连接形成的数字网络促进了不同类型的参与者和组织之间的互动关系（Cenamor et al.，2019；Liu et al.，2023；Ciriello et al.，2018；Hughes et al.，2022）。

表 2-1　　数智化情境下全球创新网络观点的变革

网络属性	全球创新网络嵌入的原有观点	数字技术下的创新网络新变革	文献依据
知识属性	高度嵌入依附于有形资产的复杂知识	简化、标准化、开放和网络结构共同所有化；转移难度降低；迭代速度快	李飞（2019）；戚聿东和肖旭（2020）；巴纳利耶娃和达纳拉吉（Banalieva and Dhanaraj，2019）
节点属性	同质性偏好、资源依赖偏好；同产业边界内	参与主体的数量与异质性更强，节点主体更加跨界：跨越国家与组织的边界、硬件与软件的边界、实体与数字的边界、产业的边界	鲁若愚等（2021）；陈晓红等（2022）；刘斌等（2022）；莫纳汉等（Monaghan et al.，2020）
连接属性	提升连接强度以提升知识交换频率，股权投资等正式连接加强信任；正式网络与非正式网络	进一步凸显弱连接状态；数字化连接进行知识交换的需求增强；协同性与联通性增强	李雪松等（2022）；曹鑫等（2022）
结构属性	强网络密度、核心企业提升网络中心性、丰富结构洞、网络控制度	松散耦合，兼具独立性与响应性；边界趋向扩张、网络规模扩大、结构更加松散	鲁若愚等（2021）；谢小云等（2021）；南比桑和罗亚东（Nambisan and Luo，2021）
子网关系	国内国外双元网络嵌入，互补性与平衡性	技术网络与市场网络的价值共创；开放式创新中的国内与国外网络的平衡性	李东红等（2021）；杨震宁等（2021）

然而，在数字连接与企业知识产出和创新绩效关系的研究方面，理论界产生了分歧。一些研究认为，基于数字连接形成的数字信任和数字协作

能力能够提升开放式创新水平（Li et al.，2022；Mubarak and Petraite，2020）。也有一些学者指出，过度依赖数字连接可能产生"虚拟陷阱"，即数字连接关系中缺乏实际的面对面的人际互动，容易导致数字不信任（Wentrup，2018），利用基于数字平台的创新依然存在"索洛悖论"（Liu et al.，2023）。进一步而言，对新兴的数字连接与基于实体的传统连接的研究是分别展开的，两者在促进知识获取、知识转移、知识创造中呈现的相互关系是互补、替代、平衡还是跨网络增进机制，尚有待进一步研究。

第三节　超循环理论指导的创新网络韧性与形成逻辑的学理基础

如前所述，仅利用跨国公司国际竞争优势理论与网络嵌入理论来解释数字化与逆全球化冲击下中国数字制造型跨国公司如何重构其外部创新网络以形成国际竞争优势，困难重重。跨国公司网络优势的"中心观""平衡观"亟待转变为内外部冲击下的"韧性观"，如何定义、识别与剖析创新网络韧性的内涵，就成为从跨国公司创新网络角度对国际竞争优势形成和作用机理进行解释的关键。

超循环理论由德国生物物理化学家、诺贝尔奖获得者曼弗雷德·艾根（Manfred Eigen）于20世纪70年代创立。结合分子生物学、进化论、信息论等，他认为，在分子层面的非生命物质依靠超循环结构实现了向生命物质的质的跨越。协同整合的超循环组织是一种非平衡非线性的进化系统，从以竞争为主的达尔文系统中崛起（Eigen，1971）。他认识到，若系统中只有"物竞天择，适者生存"的竞争，那么系统发展到最后只剩下唯一最强的优胜者，将会出现进化过程中的"信息危机"。只有出现非线性的选择和一定程度的分子层面的协作，才能允许系统稳定地、协同地、自我优化地向前进化（沈小峰和曾国屏，1989）。超循环的核心思想在于：从非生命物质向生命物质的进化不在于信息单元的遗传密码是唯一可行的选择，而在于单元之间一旦形成超循环结构，即使存在一定的内外部变化，系统依然能向更高的有序状态进化，新的分子即使携带更强大的信息，由于无法和其他分子一起形成"功能"而逐渐分解消亡，因此新的个体不易取代已经建立起来的网络（沈小峰和曾国屏，1989）。

　　超循环理论视角下的生物系统韧性呈现出结构性、非平衡、动态性特征。生命系统形成具有韧性的进化优势具有三个必要条件。（1）立体嵌套的超循环结构，由低到高三个不同的等级。简单的反应循环（自我再生）构成催化循环（自我复制），而若干催化循环构成更为高级的超循环（Eigen，1971），经由从低级简单到高级复杂的螺旋上升、循环演化过程（张贵等，2018）。（2）子系统非平衡的循环动力。子系统之间能量的非平衡性有助于在不稳定环境中促进子系统之间的能量流动，从而形成向高阶平衡攀升的动力，其发生的条件是子系统间交叉增进大于子系统内自我增进。（3）内外信息交换循环进化。超循环结构的优化是依靠分子的复制、变异、淘汰和自然选择实现的，针对在进化过程中对内外部信息的价值评价问题，曼弗雷德·艾根提出了"选择价值"的概念，即认为在进化过程中产生的信息是否有价值应通过自然选择来评价，若新变异体更能促进系统内分子复制且更适应自然条件变化时，它将形成新的耦合进入超循环系统。随着分子被淘汰、被边缘化或被并入，系统规模会扩大或者缩小，信息效率提升且功能不断完善（沈小峰和曾国屏，1989；杨艳萍和刘福星，2009）。

　　已有学者将超循环理论运用于创新网络结构分析（李鑫等，2024；刘刚，2007；万君和顾新，2010；尹彦和赵涛，2011），将超循环理论的"细胞单元—子系统—整体系统超循环"，对应于创新网络的三要素"知识—关系—结构"，得到一些研究启示。（1）开放系统。企业知识创新活动并非孤立存在的，需要外部知识来源和国际创新合作，系统可通过自我调节与外界环境进行物质能量交换以达到新的平衡。（2）网络结构的优化是依靠知识和组织的复制、变异与自然选择实现的（赵春雨等，2016；张岩和韩复龄，2018）。（3）竞争与合作并存。知识来源之间和内外部子网络之间同时存在竞争与合作（高茜滢等，2022；刘瑞佳等，2022）。（4）超循环结构具有进化优势。创新网络结构是企业优势的来源，超循环结构使网络在适应外部环境变化时的选择优势表现在群体上，新的个体也不易取代已经建立起来的网络（刘刚，2007）。

　　已有研究对超循环理论的借鉴为本书运用超循环理论探索创新网络韧性与国际竞争优势提供了分析框架，但现有研究缺乏从超循环理论视角下生物系统韧性的结构性、非平衡、动态性特征方面深入解构创新网络韧性的内涵，也缺乏对超循环结构的动力学形成机制和初始条件的剖析，如超循环理论中强调自我增进与交叉增进耦合的稳定运行机制、非平衡系统动力学机理等（Eigen，1971；沈小峰和曾国屏，1989；徐全军，2003；Fang et al.，2019）。

第四节　数智时代中国企业创新网络韧性提出的理论意义

一、国内外研究现状评述

尽管现有研究分别从不同研究层次、不同理论视角探讨了数字化背景下跨国公司国际竞争优势理论变革与韧性形成、跨国公司创新网络嵌入与国际竞争优势、超循环理论视角下的网络韧性等主题，为数字制造型跨国公司创新网络韧性与国际竞争优势的深入研究奠定了良好的基础，但仍存在重要理论缺口亟待深入研究。

第一，韧性来源方面，缺乏内部化优势的跨国企业如何通过构建全球网络韧性提升国际竞争优势的路径，有待研究。

数字化风险与逆全球化危机交织下，跨国公司如何构建韧性提升国际竞争优势成为学术热点（Cui et al.，2023；Luo，2022；Guedhami et al.，2022），现有研究多围绕资源基础观、资源编排理论、动态能力理论，指导跨国公司重构优势资源或发展战略敏捷性、组织柔性等高阶能力（Attah-Boakye et al.，2023；Bhandari et al.，2023；Li et al.，2023；Adomako et al.，2022；Ahammad et al.，2021），难以解释以中国为代表的新兴市场国家跨国公司在缺少"核心资源"的情况下构建韧性的过程。同时，尽管已有研究阐明了系统韧性对动态不稳定情景下国际化企业的重要作用（甄珍和王凤彬，2022），但这些研究大多为事后干预型韧性（Islam and Chadee，2024；Choksy et al.，2022；Li et al.，2023），尚未将系统韧性的考量推进到创新网络层面，更缺乏在充满脆弱性和不确定性的国际商务新常态下全球创新网络韧性的前瞻性设计思路。

第二，从网络结构属性来看，原有的中国制造业全球创新网络嵌入的路径与结构特征在逆全球化冲击下能否提升企业竞争优势还需审视和检验，且对全球创新网络与数字化情景相融合的研究仍然较为匮乏。

已有研究发现，提升嵌入全球创新网络的中心性、结构洞、网络能力有助于提升中国企业国际市场地位（Faroque et al.，2022；Chen et al.，2021；Liu and Meyer，2020；李鹏等，2022；李飞等，2019）。然而，逆全球化冲击下高密度中心性网络表现脆弱，更容易遭受断链脱钩的风险（Vahlne and Johanson，2021；Luo，2022），这些研究结论有待在"逆全球化"冲击下从韧性视角进行重新审视和检验。有研究指出，数字化背景下，跨国公司的全球创新网络特征发生变革，亟待重构（郭海和韩佳平，2019；鲁若愚等，2021）。关于整合全球创新网络和数字化转型机制的研究文献并不多，仅有文章从网络嵌入视角考虑全球创新网络嵌入范围或深度（李雪松等，2022；杨震宁等，2021），缺少从网络编排视角解释中国企业主动提升全球创新网络韧性的网络构建思路。

第三，从网络构成角度来看，对于数字制造跨国公司同时具备的数字连接与实体连接的不同作用机制、子网间的最优网络配置及其边界条件，有待研究。

已有研究提出，子网之间的平衡性有利于促进创新绩效（杨震宁等，2021；Patel et al.，2014；李飞等，2019），但这些研究缺乏探讨其平衡性的形成动力和边界条件；数字化背景下的研究点明了数字连接能够促进虚拟空间的更高效的创新合作，但其对于跨国知识转移的作用是"连通性赋能"还是"虚拟陷阱"尚有分歧（Mubarak and Petraite，2020；Wenstrup，2018；Liu et al.，2023），且其研究对象多关注天生数字化企业或数字平台企业（Lopez-Vega and Moodysson，2023；Benitez et al.，2022；Rocha et al.，2022），对数字制造跨国公司同时具备的数字连接与传统连接（如联盟网络关系）之间的最优网络配置的构建机制，及子网关系韧性的形成动力与边界条件仍有待研究（鲁若愚等，2021）。

第四，从优势形成过程来看，循环式新兴市场跨国公司竞争优势形成过程理论，未能考虑跨国公司创新网络的全局性和向更高层次进化的动力机制，无法解释在关键知识关系断裂时企业如何依靠具有韧性的全球网络布局来降低风险。

尽管数字化背景下的内部化理论已指明网络资源是重要的企业特定优

势（Banalieva and Dhanaraj，2019；Stallkamp and Schotter，2021；Luo，2021），但对于外部知识如何进入企业内部形成优势的过程缺少研究，即除已有研究强调的组织内外部知识重组外（Chen et al.，2022；Zámborsky et al.，2023；Zhu and Tang，2023），还需考虑网络内外关系的重构，数字化背景下网络化与内部化机制的匹配联动形成企业竞争优势的黑箱有待开启。循环回路已被用于解释微观企业层面新兴市场跨国公司的竞争优势形成过程，例如复合式跳板理论中的引进外资与对外投资的双回路模型（Luo and Witt，2021）。乌普萨拉模型在针对新兴市场跨国公司知识发展过程的修订版中设计了"学习知识"和"学习如何学习"的循环回路（Jonsson1 and Vahlne，2021），其共性在于，认为新兴市场跨国公司必须通过学习外部知识，实现竞争优势的逐步积累和上升。但是这些研究停留在知识发展与关系承诺的双回路阶段，以及知识从组织外部流动到内部的过程，未能考虑跨国公司创新网络的全局性，无法解释在关键知识关系断裂时企业如何依靠具有韧性的全球网络布局来降低风险，对竞争优势并非停留在简单重复的循环而是向更高层次跃迁的进化动力机制，也缺少探讨。

二、数智时代提出中国企业创新网络韧性的理论意义

第一，借鉴生命形成的超循环理论构建"全球创新网络韧性"的内涵，拓展了韧性观的跨国公司国际竞争优势理论，提供了数字化风险与逆全球化危机严峻挑战下中国跨国公司形成竞争优势的新方向。

数字化风险与逆全球化危机交织对数字制造型跨国公司维持和提升国际竞争优势形成严峻挑战（Cui et al.，2023；Luo，2022；Guedhami et al.，2022），本书从跨国公司如何构建韧性提升国际竞争优势的前沿讨论切入。现有研究多围绕资源基础观、资源编排理论、动态能力理论，指导跨国公司重构资源池或发展战略敏捷性、组织柔性等动态能力以在复杂的动态国际市场环境中维持优势（Attah-Boakye et al.，2023；Bhandari et al.，2023；Li et al.，2023；Adomako et al.，2022；Ahammad et al.，2021）。这些研究的前提假设是：韧性来自企业组织内部占有的强大资源或具备的高阶能力。这难以解释中国企业在缺少"核心资源"的情况下构建韧性的过程。长期以来，中国制造业跨国公司依赖由 LLL 理论（Mathews，2006）、跳板路径（Luo and Tung，2007；Luo and Tung，2017）、复合基础观（Luo，

2015）提到的外部获取和内外整合的优势形成路径，但逆全球化技术封锁和断链脱钩等手段切断了关键知识来源，中国企业更难以仅通过组织内部资源形成"超能力"。

从根本上讲，韧性概念借鉴了生物进化理论，自然界具有进化优势的并不是最强壮、最精明的物种，而是最能与其他生物、与外界环境和睦共处的"适应性"物种。超循环理论为中国跨国公司提供了一条韧性构建的新路径：与先前的理论假设不同，在超循环理论中企业的不可替代性并不来自企业拥有最强大的知识，而来自其外部全球创新网络的"整体结构—子网关系—知识循环"的设计，从而具备超循环网络韧性。本书借鉴超循环理论，提出"网络结构韧性—子网关系韧性—动态演进韧性"多层次网络韧性构建方案，并诠释其形成国际竞争优势的循环进化逻辑，从外部创新网络韧性的角度提供了中国及新兴市场跨国公司在数字化风险与逆全球化危机的严峻挑战下形成国际竞争优势的新方向。

第二，"网络结构韧性—子网关系韧性—动态演进韧性"多层次全球创新网络韧性构建方案，揭示了中国企业由全球网络中心嵌入转向创新网络韧性提升的竞争优势形成路径，也有助于深化数字化背景下的创新网络变革理论。

中国跨国公司全球创新网络与竞争优势的已有研究，基本采用社会网络视角或网络构成视角，提出提升嵌入全球创新网络的中心性、结构洞、关系强度、网络能力、内外平衡性有助于提升企业国际市场地位（Faroque et al.，2022；李鹏等，2022）。然而，逆全球化冲击下高密度中心性网络表现脆弱，更容易受断链脱钩冲击（Vahlne and Johanson，2021；Luo，2022），这些研究结论有待在"逆全球化"冲击下进行重新审视和检验。新近研究指出，数字技术的无边界性、互联性与不确定性等对企业创新网络嵌入的已有观点形成挑战（郭海和韩佳平，2019；鲁若愚等，2021）。然而，现阶段对全球创新网络与数字化情景相融合的研究仍然较为匮乏，仅有一些研究将数字化转型作为情景条件，探讨其对全球创新网络与企业创新绩效之间的关系的影响（李雪松等，2022；杨震宁等，2021；李飞等，2019）。这些研究仅从网络嵌入视角考虑全球创新网络嵌入范围或深度，缺少从网络编排视角考虑将中国企业从被动网络嵌入转为主动网络设计，也未深入到在数字化情景下对创新网络构成的三要素"结构—关系—

知识"的变革进行细致剖析与检验。

　　本书逐层深入地探索数字技术与逆全球化背景下全球创新网络"结构—关系—知识"的韧性构建思路，提出"网络结构韧性—子网关系韧性—动态演进韧性"多层次全球创新网络韧性构建方案。在网络结构韧性层面，以技术脱钩法案为准自然实验场景，对创新网络局部松散度、模块跨越度、中心解耦度等结构韧性特征与国际竞争优势进行识别及实证检验，为从被动网络嵌入转为主动网络编排提供了具有韧性的设计思路。在子网关系韧性层面，实证检验数字子网与实体子网的低阶平衡、高阶平衡与非平衡性的韧性及边界条件，破解数字制造型跨国公司的数字连接与传统实体连接之间的最优网络配置的难题。在动态演进层面，利用多主体仿真方法探索构建创新网络动态演进韧性的初始条件和微观基础，有助于推动中国数字制造型跨国公司形成由全球网络中心嵌入转向创新网络韧性提升的优势获取路径，从超循环韧性结构视角拓展中国企业全球创新网络重构的已有研究。

　　第三，诠释数字制造型跨国公司通过全球创新网络中的数实循环机制、内外循环机制推动竞争优势跃升的循环进化逻辑，将"双回路"模型推进至更高层次的网络"超循环"模型，深化了循环式新兴市场跨国公司竞争优势形成过程理论。

第三章 美国技术脱钩下创新网络韧性与中国企业高质量发展

近年来，美国频繁使用断链脱钩式技术封锁手段，妄图从根本上切断我国战略性资源及高端知识要素流动，中国企业打造更具韧性的创新网络成为冲破桎梏的关键着力点。本章以 2018 年美国对华技术脱钩相关法案为准自然实验，选取 2015~2021 年中国数字经济上市公司的面板数据，运用连续型三重差分模型探索创新网络韧性对企业高质量发展的效应识别与作用机制。

第一节 美国技术脱钩的背景、历史演变和现状

自 1979 年中美建立外交关系和签署双边贸易协定以来，两国的贸易发展迅速，但也不断出现摩擦。2019 年之前，中国对美国的贸易顺差一直处于快速增长阶段，2018 年达到 21 408 亿元，仅比 2020 年和 2021 年分别少 1 549 亿元和 5 210 亿元。[①] 中美贸易顺差严重加剧了双方的冲突。

2017 年，随着特朗普上台执政，美国开始重新调整关于中美科技领域的政策，开启了对华技术脱钩的预热阶段。紧随而来的是 2018 年中美贸易战的全面爆发。2018 年 6 月，美国政府宣布对从中国进口的 500 亿美元商品征收 25% 的关税，理由是与知识产权和技术相关的不公平贸易行为（Li et al.，2018）。价值 500 亿美元的关税商品不再是低端制造产品，主要是

---

① 2018 年国民经济和社会发展统计公报 [EB/OL]. 国家统计局，https://www.stats.gov.cn/sj/zxfb/202302/t20230203_1900241.html.

高科技产业，包括航空、新材料、信息通信、精密机械等。美国征税清单计划步骤究其原因在于美国想对中国形成技术封锁以及以逆转国际贸易逆差为借口来达到遏制"中国制造2025"等战略的实施。

中国通过对相同数量的美国商品征收关税，意味着中美贸易战正式爆发（Sheng et al.，2019）。虽然这种紧张的对抗似乎在几轮谈判中有所缓和，但双方尚未在贸易失衡、知识产权和国有企业补贴等许多问题上达成一致（Lukin，2019）。即使这场贸易战可以很快结束，中国和美国之间的经济竞争似乎也会随着时间的推移而加剧（Kim，2019）。

第二节 技术脱钩下创新网络韧性与企业高质量发展理论机理

全要素生产率反映了多种要素的投入组合转化为产出的总体效率，成为了衡量高质量发展的关键指标。创新网络韧性通过提升企业知识搜寻的宽度和搜寻战略的灵敏性、提升知识整合范围等，提高了企业在外部冲击下的高端知识要素供给的持续性、适应性和恢复性，有助于利用数字要素优化要素配置结构和实现实质性技术突破，进而推动企业高质量发展。

一、创新网络的局部网络松散度与企业高质量发展

局部网络松散度指在跨层次嵌套创新网络中，焦点企业所掌握的知识彼此之间关联的松散程度，知识元素和知识元素的关系体现了创新网络的局部韧性。如果一家企业所掌握的知识均为高度相互关联的，则局部网络松散度较低，企业知识库内的知识元素已经被广泛地组合在一起过了；反之，局部网络松散度较高，意味着企业知识库内的很多知识元素尚未被组合过。根据知识耦合理论，在稳定的环境中，增加知识元素之间的依赖关系可能会有利于企业发展，因为高的局部知识依赖度意味着这些知识元素的内容及其相互关系已经被充分理解，且与企业已有的组织活动之间是紧密匹配的，这种知识搜寻难度低且对局部网络中的知识利用效率高。但系统韧性理论指出，当外部环境发生变化时，元素之间的高度相互依赖将形成负担，整体创新网络中的知识元素节点之间的相互依赖性会增加寻找新

的最优配置和最佳组合的复杂性，以及应对外部冲击的适应成本。因为任何一个知识元素节点的变化都会影响到其他的知识元素，其网络韧性较弱，企业必须寻找替代技术，探索新的知识领域，拓展新领域的业务。此时，高的局部网络松散度意味着焦点企业创新网络可能包含丰富的组合机会，企业可以在已有的知识储备中进行深度开发，而不必从外部探索新的知识元素，从而降低探索成本和资源浪费，有利于企业持续发展。

基于以上分析，本书提出以下假设：

假设3-1a：在美国技术脱钩的外部冲击下，企业创新网络的局部网络松散度与高质量发展正相关。

二、创新网络的集群网络跨越度与企业高质量发展

集群网络跨越度指的是在跨层次嵌套创新网络中，焦点企业跨知识集群模块所形成的知识耦合的程度，知识元素与知识模块的关系体现了创新网络的集群韧性。近似可分解理论认为复杂的知识系统可以近似分解成简单的知识模块，即使知识模块彼此之间的相互依赖性最小化。在稳定的环境下，焦点企业将其创新网络聚焦于同一知识模块内，依靠模块内知识元素彼此之间高度的相互依赖关系，使其产出可以更加稳定且紧密，使处于同一知识模块中的知识元素之间进行流动、交换、组合的壁垒较低，很好地降低企业成本，促进企业高质量发展。然而，当处于动荡的外部环境时，跨界资源能够更好地帮助数字企业应对冲击。在此情境下，企业的集群网络跨越度越高，则越有利于企业发展，企业可以有针对性地进行单个知识模块的调整，或者在多个知识模块之间进行选择和重组，增加企业战略和行动的灵活性。因为单一知识模块往往会面临着高强度的知识锁定，其知识宽度较为狭窄，在后续技术创新中容易陷入技术锁定的困境。而较高的集群网络跨越度则使企业在面对外部冲击时能够有更完善的解决方案，企业可以通过跨模块来寻找新的技术组合。同时，跨越的知识模块使企业能够扩展他们的知识宽度，使其技术视角更加广泛，能够在未来发展与各个知识模块相关的技术，提高了以新方式使用技术或使用新技术的能力，也将促进企业高质量发展。

基于以上分析，本书提出以下假设：

假设3-1b：在美国技术脱钩的外部冲击下，企业创新网络的集群网

络跨越度与高质量发展正相关。

三、创新网络的网络中心解耦度与企业高质量发展

网络中心解耦度指的是在跨层次嵌套创新网络中，焦点企业对非中心知识的掌握程度，知识元素与整体网络的关系体现了创新网络的整体韧性。在稳定的环境下，中心知识元素节点就保证了整个创新网络的稳定，企业倾向于围绕核心知识进行发散创新，构建与中心知识进行连接的创新网络体系，从而增强核心技术和其他互补技术。同时，由于中心知识元素与其他知识元素的已有连接是十分充分的，对围绕中心知识领域的探索是相对充分的，因此企业围绕中心知识建立创新网络往往不需要花费很多的探索成本，有利于提高创新效率和创新价值，进而提高企业绩效。但是，当外部冲击发生时，过高的中心性可能会因为与其他节点存在过多的连接而导致难以适应来自外部的冲击，导致整个创新网络受到束缚。一旦核心知识遭到限制，围绕核心知识所形成的知识库都将受到影响，使企业陷入技术"瓶颈"，产生高昂的代价，进而削弱企业的全要素生产率，阻碍企业发展。同时，由于知识元素的组合潜力是存在一个自然极限的，当一个核心知识元素的开发程度达到极限时，它的科学价值、技术价值和商业价值就已经基本被耗尽，此时它再与其他知识元素建立连接就非常低效。

基于以上分析，本书提出如下假设：

假设3-1c：在美国技术脱钩的外部冲击下，企业创新网络的网络中心解耦度与高质量发展正相关。

四、企业创新网络韧性提升高质量发展的作用机制

（一）突破式创新能力的中介机制

内生增长理论框架下，企业提升创新能力将新技术纳入生产流程是推动效率提升的关键路径；同时创新能力通过优化传统生产要素的配置，推动企业的商业模式转型，提升资源利用效率，也间接促进了企业生产率提升。而企业创新网络内知识元素之间的耦合关系反映了技术创新的趋势和程度。在稳定的环境下，高度相互依赖的创新网络结构能够降低知识元素

之间交互的壁垒。高度相关的、紧凑的知识元素的耦合能够有力支撑企业原有的产品和业务。此时，相较于从现有产品或想法转移到全新产品或概念的根本性的突破式创新，企业可能更倾向于对现有产品和概念进行相对较小的修改渐进式创新。而当企业处于动荡的环境中，受到外部冲击时，来自外部的冲击往往会使创新网络产生"断链"的风险，且过分紧密集聚和中心化的知识元素耦合关系会导致对单一技术获取的依赖，从而对创新产生限制。而冗余的创新网络结构能够给予企业更多在不同技术领域进行创新的机会，具备韧性的创新网络由于其知识宽度较高，往往会使企业能够具备探索新机会的能力，从而促进企业的突破式创新能力的提升。

基于以上分析，本书提出以下假设：

假设3-2a：在美国技术脱钩的外部冲击下，企业的创新网络韧性通过提升突破式创新能力促进高质量发展。

（二）数字资产化能力的中介作用

数字资产化能力是指企业形成与积累数字资产的能力，数字资产包括数据存储、数字连通性等基础设施以及配套数字技术等用于生产过程的数字形式的非货币资产。在外部冲击下，具备韧性的创新网络结构能够给予企业更多在不同领域进行开发的机会和相对稳定的知识要素供给。松散的、跨界的、去中心化的创新网络结构，提升了知识搜寻宽度、搜寻战略的灵敏性，提升了知识整合范围，降低了企业单独进行数字资产开发所面临的风险，能够有效供给数字资产利用所必备的互补性知识，提升数字资产为客户创造价值的能力。进一步而言，数字资产化能力有助于通过流程数字化优化企业要素配置结构，整合数据要素解决信息不对称问题，提升产品服务的差异化程度，进而促进企业高质量发展。

基于以上分析，本书提出以下假设：

假设3-2b：在美国技术脱钩的外部冲击下，企业的创新网络韧性通过提高企业数字资产化能力，进而促进高质量发展。

本书基于上述背景及假设，给出研究框架（见图3-1）。

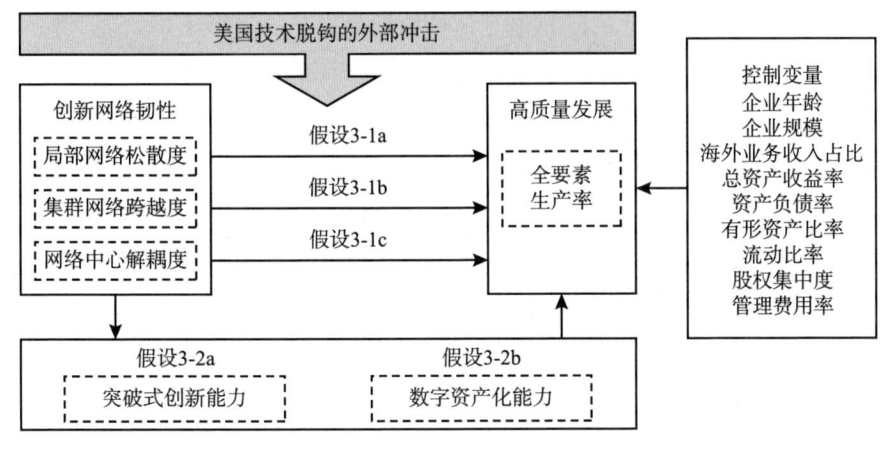

图 3-1 研究框架

第三节 技术脱钩下创新网络韧性与企业高质量发展的研究设计

一、美国技术脱钩的外部冲击背景

2018年，两份关税清单由美国总统特朗普签署并正式生效。这两份关税清单针对信息通信、航空航天、新材料等与"中国制造2025"相关的产品，为中美技术合作施加更多限制。本书参考吕越等（2019）的研究，根据《商品名称及编码协调制度的国际公约》（简称"协调制度"，Harmonized System，HS），将两份实施清单所涉及产品的6位编码按其所属行业大类进行归类，并按照《国民经济行业分类（2017）》标准进行匹配，筛选出在本次美国技术脱钩中受到冲击的行业名单。

二、样本选取与数据来源

本书选取中国数字上市公司2015~2021年的数据进行实证研究。考虑到企业创新网络的构建存在持续影响效应，将自变量的观测年起始点设置为2013年，保留3年的窗口期。根据前瞻产业研究院《2020年中国数字经济发展报告》，我国数字经济自2013年步入成熟发展阶段，数字企业开始兴起，契合研究样本。

样本筛选过程如下：(1) 基于国家统计局发布的《数字经济及其核心产业统计分类（2021）》，选择属于数字经济产业的企业样本，并剔除连续两年亏损、特别处理（Special Treatment，ST）的企业样本，剔除连续两年亏损、特别处理、还没有完成股改（SST）的企业样本，剔除连续三年亏损、退市预警（*ST）的企业样本，初步得到 2 394 家沪深 A 股上市企业样本；(2) 为了确保美国技术封锁对样本企业的冲击有效性，根据是否拥有海外业务收入，剔除从 2013 年起连续三年（即三年以上）缺失海外业务收入的企业，得到 1 259 家涉及海外业务的中国数字企业样本；(3) 剔除自 2013 年起，连续三年及三年以上缺失控制变量的企业样本，最终得到 1 094 家样本公司。

构建与测度创新网络韧性采用的专利数据来自佰腾网，企业全要素生产率与控制变量数据均来自国泰安数据库。

三、主要变量的定义与测量

（一）企业高质量发展

企业高质量发展水平采取全要素生产率（Total Factor Productivity，TFP）衡量，TFP 反映了多种要素的投入组合转化为产出的总体效率，已成为了衡量高质量发展的关键指标。参考鲁晓东和连玉君（2012）的研究，我们使用 LP 法测度 TFP，可以很好地处理代理变量缺失问题。此外，在后文的稳健性检验部分，本书也使用其他多种方法计算企业全要素生产率，作为替代的被解释变量。

（二）创新网络韧性

创新网络使用样本企业在给定时间段内所持有专利涉及的所有专利知识，用国际专利分类表（International Patent Classification，IPC）分类中的大类号段标记并构建对称邻接矩阵，反映了整体知识元素之间的相互依赖性，使用三年的移动时间窗口（2013～2015 年，2014～2016 年，2015～2017 年）构建 3 个矩阵捕捉给定年份中的相互依赖性作为知识联合使用的函数。为了避免企业决策产生的内生性，2018～2021 年的创新网络韧性数据采用外部冲击之前最近的知识窗口（2015～2017 年）的固定数据。

局部网络松散度（Looseness of Local Network，LLN），反映了焦点企业局部网络中知识关联的松散程度，体现了创新网络的局部韧性。本书使用社会网络相关研究中的协作频率指标，通过 IPC 分类中的大类号段来判别两个专利的相关性。如果样本企业中有超过 10% 的企业在三年内连续持有某两类专利，则认为这两类专利所代表的知识是相互依赖的。借鉴已有研究中关于网络密度（the ego density）的衡量，使用 1 减去局部网络密度来计算局部网络松散度：

$$\text{Looseness of Local Network}_{i,t} = 1 - \frac{\text{Knowledge Linkages}_{i,t}}{(\text{Numbers of Knowledge}_{i,t}^2 - \text{Numbers of Knowledge}_{i,t})}$$

集群网络跨越度（Dispersion of Cluster Network，DCN）呈现了焦点企业跨知识集群模块所形成的知识耦合的程度，体现了创新网络的集群韧性。为了刻画不同知识集群模块之间的分散性，首先使用单方模块化算法将知识相互依赖矩阵分解为知识模块，接着用 1 减去样本企业知识模块的赫芬达尔-赫希曼指数来计算集群网络跨越度：

$$\text{Dispersion of Cluster Network}_{i,t} = 1 - \sum_{m=1}^{n} \left(\frac{\text{Numbers of Knowledge}_{i,t,\text{Clusterm}}}{\text{Numbers of Knowledge}_{i,t}}\right)^2$$

网络中心解耦度（Decoupling of Network Center，DNC）指焦点企业对整体网络中非中心知识的掌握程度，体现了创新网络的整体韧性。首先计算网络中每类知识的特征向量中心性，定义特征向量中心性的 90% 为中心分量，然后用 1 减去样本企业对于中心知识的使用度来计算网络中心解耦度：

$$\text{Decoupling of Network Center}_{i,t} = 1 - \frac{\text{Numbers of Central Knowledge}_{i,t}}{\text{Numbers of Knowledge}_{i,t}}$$

（三）控制变量

借鉴黄勃等（2023）的研究，本书选取企业年龄（当期年份减去公司成立年份）、企业规模（年末总资产对数值）、海外业务收入占比（海外业务收入/总营业收入）、总资产收益率（期末净利润/总资产余额）、资产负债率（总负债/总资产）、有形资产比率〔（资产总计 - 无形资产净额 - 商誉净额）÷（资产总计）〕、流动比率（流动资产/流动负债）、管理强度

（管理费用/总资产）、股权集中度（第一大股东持股比例）作为控制变量。此外，为了控制企业因素可能带来的影响，本书还控制了企业固定效应（Firm）。

四、连续型三重差分模型

美国两份关税清单为本书提供了一个准自然实验。基于准自然实验的三重差分模型在一定程度上有利于克服内生性问题。选取三重差分模型，由连续型变量创新网络韧性替代传统三重差分模型中的虚拟变量，以便观察因变量受不同程度的创新网络韧性的影响程度。由于外部冲击对行业的影响具有外溢性，因此设置两组虚拟变量：（1）样本企业是否属于美国技术脱钩中受到冲击的所在行业；（2）外部冲击前后时间。

基于三重差分模型，本书关于美国技术脱钩外部冲击下数字企业创新网络韧性对全要素生产率影响的基本模型如下：

$$\text{TFP\_LP}_{i,t} = \beta_0 + \beta_1 (\text{LLN} \times \text{Post} \times \text{Industry})_{i,t} + \beta_2 (\text{LLN} \times \text{Post})_{i,t} \\ + \beta_3 (\text{LLN} \times \text{Industry})_{i,t} + \beta_4 (\text{Post} \times \text{Industry})_{i,t} \\ + \gamma \sum \text{Control}_{i,t} + \text{Firm} + \varepsilon_{i,t} \quad (3-1)$$

$$\text{TFP\_LP}_{i,t} = \beta_0 + \beta_1 (\text{DCN} \times \text{Post} \times \text{Industry})_{i,t} + \beta_2 (\text{DCN} \times \text{Post})_{i,t} \\ + \beta_3 (\text{DCN} \times \text{Industry})_{i,t} + \beta_4 (\text{Post} \times \text{Industry})_{i,t} \\ + \gamma \sum \text{Control}_{i,t} + \text{Firm} + \varepsilon_{i,t} \quad (3-2)$$

$$\text{TFP\_LP}_{i,t} = \beta_0 + \beta_1 (\text{DNC} \times \text{Post} \times \text{Industry})_{i,t} + \beta_2 (\text{DNC} \times \text{Post})_{i,t} \\ + \beta_3 (\text{DNC} \times \text{Industry})_{i,t} + \beta_4 (\text{Post} \times \text{Industry})_{i,t} \\ + \gamma \sum \text{Control}_{it} + \text{Firm} + \varepsilon_{i,t} \quad (3-3)$$

其中，TFP_LP 为被解释变量，表示企业的基于 LP 方法计算的全要素生产率。Post 表示外部冲击变量。由于 2018 年美国实施了两份关税清单，因此本书选择将 2018 年及之后的年份作为外部冲击年份。若年份为 2018~2021 年，则取值为 1；若年份为 2015~2017 年，则取值为 0。Industry 表示受限行业虚拟变量，当样本企业属于两份关税清单中所受限制商品的所在行业时，取值为 1，否则取值为 0。连续变量 LLN、DCN 和 DNC 为企业创新网络韧性指标，分别表示企业的局部网络松散度、集群网络跨越度和网络中心解耦度。Control 为一系列控制变量，Firm 代表企业固定效应，ε 为随机误差项。本书采用企业层面的聚类稳健标准误,其中,三次交互项是本书的核心解释变量,其系数反映的是美国技术脱钩冲击下实验组企业的创新网络韧性对全要素生产率的净影响。

第四节 技术脱钩下创新网络韧性与企业高质量发展的实证证据

一、描述性统计和相关性分析

本书主要变量的描述性统计结果见表3-1,变量的相关性分析结果见表3-2。

表3-1　　　　　　　　描述性统计结果

变　量	平均值	标准差	最小值	最大值
全要素生产率（TFP_LP）	8.5077	1.0307	5.7862	12.8358
局部网络松散度（LLN）	0.9869	0.0304	0.6000	1.0000
集群网络跨越度（DCN）	0.6135	0.2459	0.2500	1.0000
网络中心解耦度（DNC）	0.6990	0.2341	0.0000	1.0000
企业年龄（age）	19.4433	5.5832	6.0000	54.0000
企业规模（size）	22.5376	1.2298	19.5291	28.9157
海外业务收入占比（OBRP）	20.3302	21.1459	0.0285	88.9664
总资产收益率（ROA）	0.0268	0.1374	-4.7821	7.4461
资产负债率（lev）	0.4411	0.2095	0.0143	4.9952
有形资产比率（TA）	0.9053	0.1040	0.1892	1.0000
流动比率（liquid）	2.1100	2.0843	0.1065	50.1371
管理强度（manage）	0.0862	0.0614	0.0080	0.3556
股权集中度（OCD1）	30.9672	13.8574	2.7900	89.0900

表 3-2　变量相关性分析结果

变　量	(1)	(2)	(3)	(4)	(5)	(6)	(7)	(8)	(9)	(10)	(11)	(12)	(13)
(1) 全要素生产率 (TFP_LP)	1.000												
(2) 局部网络松散度 (LLN)	0.062***	1.000											
(3) 集群网络跨越度 (DCN)	0.010	−0.008	1.000										
(4) 网络中心解耦度 (DNC)	0.044***	0.338***	0.124***	1.000									
(5) 企业年龄 (age)	0.167***	−0.033***	−0.034***	0.048***	1.000								
(6) 企业规模 (size)	0.138***	0.047***	−0.126***	0.123***	0.200***	1.000							
(7) 海外业务收入占比 (OBRP)	−0.007	0.048***	−0.035***	0.028***	−0.043***	−0.080***	1.000						
(8) 总资产收益率 (ROA)	0.021*	0.018	−0.027*	0.053***	−0.012	0.060***	−0.010	1.000					
(9) 资产负债率 (lev)	0.097***	0.072***	−0.113***	0.019	0.157***	0.464***	−0.038***	−0.260***	1.000				
(10) 有形资产比率 (TA)	0.072***	0.041***	−0.091***	0.076***	0.124***	0.081***	−0.035***	−0.004	0.160***	1.000			
(11) 流动比率 (liquid)	−0.039***	−0.073***	0.074***	−0.020	−0.085***	−0.303***	−0.002	0.097***	−0.584***	0.040***	1.000		
(12) 管理强度 (manage)	−0.070***	−0.037***	0.164***	−0.111***	−0.178***	−0.376***	0.031***	−0.091***	−0.254***	−0.245***	0.212***	1.000	
(13) 股权集中度 (OCD1)	0.079***	−0.107***	−0.040***	−0.059***	−0.017	0.173***	−0.048***	0.090***	0.065***	0.136***	−0.011	−0.119***	1.000

注：***、**、* 分别表示在 1%、5%、10% 的水平上显著。

二、基准回归结果

本书利用三重差分方法评估外部冲击下数字企业的创新网络韧性对企业全要素生产率的影响，估计结果见表3-3。外部冲击变量和受限行业虚拟变量交互项（Post×Industry）的结果首先证明了外部冲击的有效性（β_1 = -1.8568，$p<0.1$；β_2 = -0.1822，$p<0.1$；β_3 = -0.1975，$p<0.1$）。列（1）结果显示，企业局部网络松散度、外部冲击变量和受限行业虚拟变量交互项（LLN×Post×Industry）三次项系数显著为正（β = 1.9655，$p<0.1$），支持了假设3-1a。列（2）结果显示，集群网络跨越度、外部冲击变量和受限行业虚拟变量交互项（DCN×Post×Industry）三次项系数显著为正（β = 0.4086，$p<0.05$），支持了假设3-1b。列（3）结果显示，网络中心解耦度、外部冲击变量和受限行业虚拟变量交互项（DNC×Post×Industry）三次项系数显著为正（β = 0.4299，$p<0.05$），支持了假设3-1c。

表3-3 美国技术脱钩、创新网络韧性对数字企业全要素生产率的回归结果

变 量	全要素生产率（TFP_LP）		
	（1）	（2）	（3）
外部冲击变量×受限行业虚拟变量（Post×Industry）	-1.8568* (1.1053)	-0.1822* (0.0976)	-0.1975* (0.1088)
局部网络松散度×外部冲击变量（LLN×Post）	-0.1156** (0.0526)		
局部网络松散度×受限行业虚拟变量（LLN×Industry）	0.6938 (0.9088)		
局部网络松散度×外部冲击变量×受限行业虚拟变量（LLN×Post×Industry）	1.9655* (1.1266)		
集群网络跨越度×外部冲击变量（DCN×Post）		-0.1272* (0.0699)	
集群网络跨越度×受限行业虚拟变量（DCN×Industry）		-0.2118 (0.1438)	
集群网络跨越度×外部冲击变量×受限行业虚拟变量（DCN×Post×Industry）		0.4086** (0.1747)	

续表

变　量	全要素生产率（TFP_LP）		
	（1）	（2）	（3）
网络中心解耦度×外部冲击变量（DNC×Post）			－0.1113 (0.0675)
网络中心解耦度×受限行业虚拟变量（DNC×Industry）			－0.4900** (0.2356)
网络中心解耦度×外部冲击变量×受限行业虚拟变量（DNC×Post×Industry）			0.4299** (0.1873)
常数项	6.7235*** (2.0177)	6.9417*** (1.1877)	7.2805*** (1.1948)
控制变量	Yes	Yes	Yes
企业固定效应	Yes	Yes	Yes
观测值	5 751	5 973	5 973
R^2	0.6679	0.6617	0.6620

注：括号内为企业层面的稳健标准误；***、**、*分别表示在1%、5%、10%的水平上显著。

三、中介机制分析

根据理论机理，首先检验路径突破的两个维度——突破式创新能力和数字资产化的中介作用，验证假设3－2a与假设3－2b。本书参考徐宁等（2019）的方法，选取企业的发明专利授权量测量突破式创新，结果如表3－4中列（4）、列（5）、列（6）所示。可以发现，局部网络松散度和网络中心耦合度会提高企业的突破式创新能力。参考路征等（2023）的研究，使用数据资产[Digital_asset, ln（市场价值－固定资产－金融资产－无形资产）]测量数字资产化，结果如表3－4中列（7）、列（8）、列（9）所示。可以发现，集群网络跨越度和网络中心解耦度会提高企业的数字资产化。尽管局部网络松散度与数字资产化负相关（β＝－1.9004，p＜0.01），但在考虑数字企业创新网络的局部网络韧性时，美国技术脱钩并未对数字资产化能力造成冲击，甚至还提高了数字资产化能力（β＝1.9473，p＜0.01）。假设3－2a和假设3－2b基本得到支持。

表 3-4　中介机制检验的回归结果

变　　量	突破式创新			数据资产化		
	(4)	(5)	(6)	(7)	(8)	(9)
外部冲击变量 × 受限行业虚拟变量（Post × Industry）	−56.5215* (34.0592)	10.3046 (7.1320)	−6.0640* (3.4067)	1.9473*** (0.4772)	−0.2029*** (0.0451)	−0.3826*** (0.0531)
局部网络松散度 × 外部冲击变量（LLN × Post)	−5.8576*** (2.1471)			−0.4854*** (0.0244)		
局部网络松散度 × 受限行业虚拟变量（LLN × Industry)	54.3778** (25.4874)			5.1467*** (0.7143)		
局部网络松散度 × 外部冲击变量 × 受限行业虚拟变量（LLN × Post × Industry)	63.3956* (37.2183)			−1.9004*** (0.4846)		
集群网络跨越度 × 外部冲击变量（DCN × Post)		−5.4840** (2.5019)			−0.4798*** (0.0351)	
集群网络跨越度 × 受限行业虚拟变量（DCN × Industry)		5.0939 (7.8602)			0.4003*** (0.0857)	
集群网络跨越度 × 外部冲击变量 × 受限行业虚拟变量（DCN × Post × Industry)		−11.8226 (10.3445)			0.2141*** (0.0814)	
网络中心解耦度 × 外部冲击变量（DNC × Post)			−6.7991*** (2.3587)			−0.5357*** (0.0337)

续表

变量	突破式创新			数据资产化		
	(4)	(5)	(6)	(7)	(8)	(9)
网络中心解耦度×受限行业虚拟变量（DNC × Industry）			1.1888 (12.5126)			0.1677 (0.1350)
网络中心解耦度×外部冲击变量×受限行业虚拟变量（DNC × Post × Industry）			18.2621** (8.5304)			0.5550*** (0.0929)
常数项	-217.9599 (69.7237)	-161.5937*** (54.2497)	-162.1436*** (54.8219)	0.8686 (0.9240)	5.0104*** (0.7919)	5.0107*** (0.7921)
控制变量	Yes	Yes	Yes	Yes	Yes	Yes
企业固定效应	Yes	Yes	Yes	Yes	Yes	Yes
观测值	5 737	5 959	5 959	4 970	5 158	5 158
R^2	0.9003	0.8996	0.8995	0.9265	0.9227	0.9235

注：括号内为企业层面的稳健标准误；***、**、* 分别表示在1%、5%、10%的水平上显著。

第四章　数智时代中国企业创新网络的进化逻辑：数实孪生机制

从生物系统韧性角度来看，进化逻辑与动力机制来自两个方面。一是内部子系统之间的能量势差。子系统之间能量的非平衡性有助于在不稳定环境中促进子系统之间的能量流动，从而形成向高阶平衡攀升的动力。二是系统内外部之间的能量交换。根据内外部信息的"选择价值"，进行分子的淘汰、边缘化或并入，系统规模会扩大或者缩小，分子携带信息效率不断提升，这是信息与结构循环互动的结果。

本章把握数字制造型跨国公司数实融合的特征，探索数字连接和传统实体连接之间的最优网络配置，同时在内外部关系上将国际循环依存度纳入研究考量，从数实子系统之间与国内与国外循环两个维度探索数智时代中国企业创新网络的进化逻辑。本章探讨了数智时代下，中国智能制造企业如何通过联盟网络和数字平台网络的协同作用促进开放式创新。基于数实孪生机制视角，本书研究认为，联盟网络和数字平台网络因其独特的网络属性对技术创新产生不同影响。具体而言，联盟网络效率与技术创新呈倒"U"型关系，而数字平台网络效率与技术创新呈正相关。数实孪生机制表明，联盟网络和数字平台网络之间存在替代效应，两者的不平衡会损害技术创新。此外，考虑到国际循环依存度作为数实孪生机制的外部条件，本书研究认为，国际循环依存度强化了联盟网络效率与技术创新之间的倒"U"型关系，强化了两个网络在影响技术创新时的替代效应。对中国智能制造行业上市公司的纵向研究实证结果支持了本章假设。

第一节　数实孪生机制视角下企业创新网络进化的理论逻辑

数字化情境下企业创新网络特征变革的研究成为国内外学者关注的焦点。传统的社会网络理论从网络中心度、网络结构洞、网络密度等指标出发，探讨了不同结构属性对企业创新的影响。但是在数字化背景下，企业创新过程更依赖多要素交互、多过程并行、多组织联动的开放式创新网络，数字化情景网络的主体异质性更强，边界趋向扩张，结构更加松散，传统的网络结构属性指标已无法很好地反映和衡量网络特征。近几年，国外研究已认识到支撑数字企业创新的网络特征发生变革；国内学者也逐渐开始关注不同属性的网络关系对企业创新所产生的不同影响，如国内网络和全球网络、技术网络和市场网络、商业网络和知识网络等。因此，从相对微观的不同网络连接的异质性与联系性角度展开分析，突出不同网络连接关系对企业创新的价值共创机制，是企业创新网络相关研究的前沿问题。同时，已有研究发现了数字制造企业"数实孪生"的组织特征，在以实物产品交付和实体运营为基础的同时，也在数字空间形成数字基础设施和虚拟数据资产，形成智能互联的新商业模式（江小涓和靳景，2022；曹鑫等，2022）。

在上述研究的基础上，本书在"双循环"情景下，从"数实孪生"的维度出发，考察了实体网络效率与数字网络效率对数字制造企业创新质量的影响效应，对比了不同国际循环依赖度下的差异化效应，以期对创新网络韧性形成的进化逻辑有更深入的理解。本书构建了"双循环"背景下实体网络效率和数字网络效率对数字制造企业创新质量的影响机制（见图4-1）。

本书基于数实孪生机制理论，从网络效率角度研究了数智时代背景下企业不同创新网络（联盟网络和数字平台网络）对企业技术创新的影响。研究认为，由于不同创新网络的独特网络属性，联盟网络和数字平台网络对技术创新的影响各不相同。

第四章 数智时代中国企业创新网络的进化逻辑：数实孪生机制 | 41

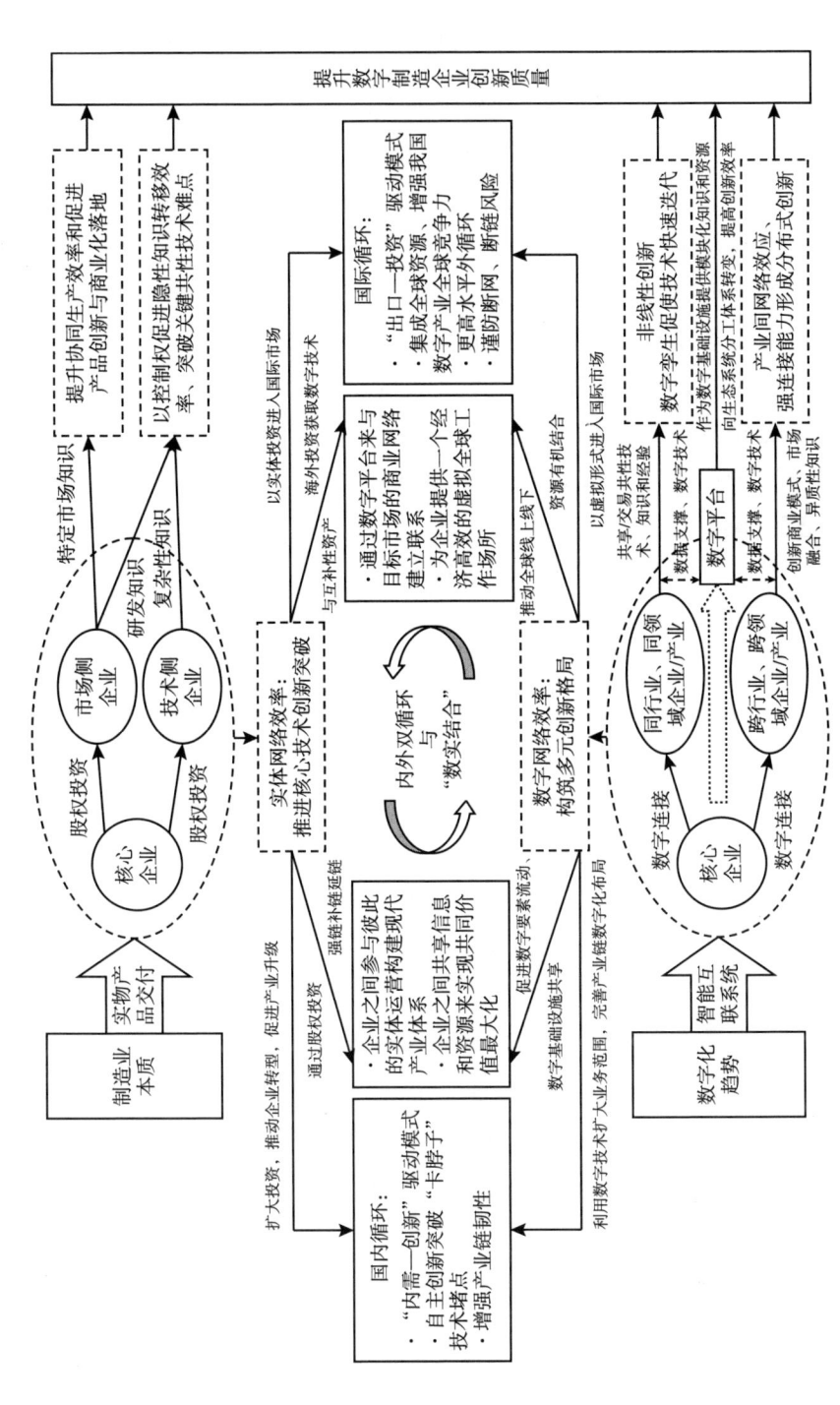

图 4-1 "双循环"背景下实体网络效率和数字网络效率对数字制造企业创新质量的影响机制

一、实体联盟网络效率与技术创新

基于正式合同的传统关系（如联盟网络）能够促进外部伙伴之间的信任，加强合作，协调研发和市场知识以实现创新，并稳定生产中利益集团之间的资源共享（Mahmood et al., 2011, Chuluun et al., 2017）。从数实孪生机制的角度来看，联盟网络被视为具有正式合同的封闭、紧密耦合系统，成员具有明确的目标和可转移的隐性、专有知识。这些网络属性使联盟网络效率与智能制造企业的技术创新呈倒"U"型关系。

首先，就知识流动性而言，一定程度的联盟网络效率有助于获取有形资产中的复杂专有知识，促进专有知识和隐性知识的流动，从而增强创新对企业的影响和重要性（Santoro et al., 2018；Zheng et al., 2021）。例如，20世纪80年代丰田与通用汽车建立的战略联盟使丰田能够利用通用汽车的市场洞察力和生产能力，从而实现技术创新。

其次，就创新独占性而言，一定程度的联盟网络效率，以精简和紧凑的网络组成为特征，通过防止外部人员在未参与联合创造活动的情况下受益并减少"模仿和跟进"效应来增强创新独占性（Hurmelinna-Laukkanen et al., 2012）。联盟网络，特别是那些具有股权关系的联盟网络，通常意味着成员之间利益的趋同，成员基于中心企业设定的明确目标进行价值分配（Busquets, 2010）。

最后，就网络稳定性而言，过高的联盟网络效率可能会给企业带来束缚，增加成本（Hurmelinna-Laukkanen et al., 2012）。特别是在去全球化的动态环境中，联盟网络效率过高容易导致冗余关系的缺失，这可能会降低网络稳定性，导致缺乏应对风险的弹性（Vahlne and Johanson, 2020；Luo, 2022），从而削弱企业的技术创新能力和网络稳定性。

综上所述，一定程度的联盟网络效率可以促进企业创新，而过高的联盟网络效率可能有害。基于以上分析，本书提出以下假设：

假设4-1：联盟网络效率与智能制造企业的技术创新呈倒"U"型关系。

二、数字平台网络效率与技术创新

数字平台网络使企业之间能够建立数字关系，提供了一个经济高效的虚拟全球工作空间（Monaghan et al., 2020），促进了超越传统线性生产过程的创新实践（Lyytinen et al., 2016；Tang et al., 2023）。此外，它有助于获取多样化的跨境知识和资源（Rajala and Hautala-Kankaanpaeae, 2023；Jean and Kim, 2020；Gamidullaeva et al., 2021）。从数实孪生机制的角度来看，数字平台网络可能是开放和松散耦合的，具有非正式的契约关系，成员目标模糊，倾向于共享和交易显性、模块化知识。因此，本书观点认为，数字平台网络效率对智能制造企业的技术创新具有积极影响。

首先，就知识流动性而言，较高的数字平台网络效率能够帮助获取跨行业和学科的多样化知识、资源和经验（Gamidullaeva et al., 2021），促进显性和模块化知识的流动。数字平台提供了方便获取连续、逻辑、精确和系统数据资源的途径，增强了知识流动性并促进了创新（Nambisan and Luo, 2021）。相关研究发现，数字平台是外部知识的来源，这对于通过数字技术获得竞争优势可能至关重要（Ricci et al., 2021）。特别是在智能制造中，工业互联网使企业能够通过信息流进行通信和知识转移，而无须取代传统因素，增加了知识交流频率，降低了时间成本，并促进了企业之间的协同创新。

其次，就创新独占性而言，数字平台网络作为开放系统网络，具有网络效应，即随着更多成员的加入，成员从网络中获得的价值会增加（Gawer and Cusumano, 2014；Schüler and Petrik, 2023）。尽管数字平台的低门槛允许许多外部访问者加入，但网络成员的目标并不一致。数字平台网络的成员，特别是工业互联网平台的成员，往往来自不同的行业和不同的利益群体，他们加入数字平台的目标各不相同，从而降低了对创新独占性的担忧（Rajala and Hautala-Kankaanpaeae, 2023；Jean and Kim, 2020；Gamidullaeva et al., 2021）。例如，通用电气的工业互联网平台 Predix 使其能够与许多不同领域的公司合作开发技术和分析应用，形成分布式创新。

最后，就网络稳定性而言，在动荡和不确定的环境中，较高的数字平台效率使企业能够以低成本拥有更多样化的网络成员（Monti et al., 2023）。即使某些数字关系中断或某些合作伙伴退出数字平台，高效的数字平台网络也为企业提供了更多与其他合作伙伴合作的机会（McKinsey, 2023）。对工业互联网平台，智能制造企业在技术平台上公开合作，共享和交换大量数据，应对技术封锁和试点困境，促进创新（McKinsey, 2023）。

总之，数字平台网络效率的提高往往会促进分布式创新和多样化知识的传播，最终推动技术创新。基于以上分析，本书提出以下假设：

假设4-2：数字平台网络效率提升对智能制造企业的技术创新具有积极影响。

三、实体联盟网络与数字平台网络的数实孪生机制及技术创新

联盟网络和数字平台网络属于不同的网络系统，对企业创新的影响独特，但也存在一些交集。因此，本书观点认为，联盟网络效率和数字平台网络效率的相互作用对技术创新有两种影响：替代效应（Oh et al.，2018）和平衡关系（He and Wong，2004；Yang et al.，2022）。

一方面，联盟网络效率和数字平台网络效率在影响智能制造企业技术创新方面存在替代效应。首先，传统关系中的一些研发和市场知识可以通过数字空间中的数据资产交易和共享获得（van Dyck et al.，2023）。智能制造企业可以通过数字关系以低成本获取知识，而无须通过建立或加入高成本的联盟网络来获取。例如，通用电气积极推动工业互联网的使用，促进了更快、更便宜地获取多样化和显性的市场知识，超越了传统联盟的限制。其次，智能制造企业与外部实体（跨境和跨行业）之间高效且低成本的数字关系打破了传统的物理集聚，在数字空间中创造了虚拟集聚（Chen et al.，2021），提高了技术创新效率。最后，在动荡的环境中，数字平台网络效率在推动技术创新方面可以超越联盟网络效率（Wang et al.，2023），通过增加与其他企业的松散耦合来防止脱节风险。

基于以上分析，本书提出以下假设：

假设4-3a：联盟网络效率和数字平台网络效率在影响智能制造企业技术创新方面存在替代效应。

另一方面，基于对假设4-1、假设4-2和假设4-3a的理论分析，可以推断，联盟网络效率和数字平台网络效率之间的不平衡（具体而言，高联盟网络效率和低数字平台网络效率）会损害智能制造企业的技术创新质量。

这是一种常见现象，因为智能制造企业通常具有坚实的生产基础和有效的联盟关系。随着数字化转型和商业模式创新的紧迫性增加，这些企业所利用的数字平台在规模和范围上急剧增长（Tian et al.，2021）。然而，它们缺乏相应的网络能力和适当的网络协同，导致数字平台网络效率低下。例如，嵌入多个功能冗余的平台网络缺乏合作多样性以及无法实现价值共创（Cenamor et al.，2019）。这种不适当的网络协同难以实现三个协

同目标，削弱了企业创新质量。

首先，高联盟网络效率可能威胁网络稳定性，保持一定的冗余而不是仅仅追求高效率是很重要的。鉴于联盟网络的正式和封闭性质，其建立信任需要更多时间，快速替代受到阻碍（Parkhe，1998；Madhok et al.，2015）。其次，智能制造企业中数字平台网络效率低下可能是由于网络规模的扩大和嵌入平台数量的增加，而没有考虑其异质性和多样性。这限制了知识流动，甚至将其锁定在狭窄的范围内。最后，数字平台网络的规模越大，多样性越低，在平台内遇到竞争对手的可能性就越大（Kretschmer et al.，2022），这会破坏焦点企业的创新可占有性。

基于以上分析，本书提出以下假设：

假设4-3b：联盟网络效率和数字平台网络效率之间的不平衡与智能制造企业的技术创新质量呈负相关。

四、国际循环依存度下的调节作用

国际循环依存度是企业国际化的一个主要方面，指的是企业向外国际化的程度（Bhandari et al.，2023）。具有不同国际循环依存度的智能制造企业，在全球知识获取、资源、经验、跨境运营和合作方面存在差异，其创新网络绩效和协同也存在异质性。

国际循环依存度高的智能制造企业严重依赖外国市场。在外部动荡时期，它们受到的冲击更大，网络稳定性减弱。它们较早融入全球产业链，利用技术溢出和海外投资从外国市场获取战略资产（Kumar et al.，2020；Ray et al.，2023）。这使它们能够在有外国公司存在的地区获得技术优势，分担风险和成本，并实现先进创新（Chen，2004）。然而，在数智时代背景下的工业4.0和工业5.0中，高度国际化的智能制造企业面临来自东道国的技术封锁。例如，华为自1996年开始在俄罗斯、欧洲、亚洲和非洲等多个地区实现国际化，随着其国际影响力的扩大，美国政府对其实行了各种限制。如前所述，较高的联盟网络效率（以更紧密、更强烈、无冗余和成本效益高的关系为特征）增加了脱节风险，损害了知识流动性和网络稳定性（Ahuja，2000）。因此，本书提出，智能制造企业的国际循环依存度越高，就越有可能加强联盟网络效率与技术创新之间的倒"U"型关系。

相反，数字平台网络内的多样化知识流动为企业提供了更大的抵御外部冲击的能力（Hossain and Lassen，2017）。智能制造企业可以利用数字平台在数字空间（虚拟集聚）中获取市场知识并与东道国公司合作，而无须通过建立正式的合同关系进入东道国（Monaghan et al.，2020；Chen et al.，2021）。强大的数字平台关系促进了知识流动和多样化知识的注入，提高了非线性创新的效率，加速了技术迭代，促进了分布式创新（Lyytinen et al.，2016；Tang et al.，2023）。因此，本书提出，智能制造企业的国际循环依存度越高，就越有可能加强数字平台网络效率与技术创新之间的正相关关系。

基于上述分析，本书观点认为，高国际循环依存度会放大联盟网络效率和数字平台网络效率之间的替代效应，这意味着从联盟网络获得的一些资源可以通过数字平台网络获得。

在这种替代效应下，联盟网络效率和数字平台网络效率之间的不平衡对高国际循环依存度智能制造企业技术创新的负面影响加剧。在新兴市场中，智能制造企业在国际循环依存度较高时，需要在数字网络和传统网络之间取得平衡，以确保创新产出。智能制造企业在产业融合趋势下缺乏足够的数据资产支持、创新所需的数字基础设施和创新伙伴。因此，它们在自主创新方面面临严重的技术瓶颈（Cezarino et al.，2021；Li et al.，2022）。此外，工业互联网平台的未充分利用降低了数据流动效率和工业供应链内的协作能力，增加了企业之间的知识交流障碍和网络脱节风险（Kiel et al.，2017），这要求企业更加注意平衡这两种网络。

因此，本书观点认为，国际循环依存度会影响两个网络效率与技术创新之间的关系。

基于以上分析，本书提出以下假设。

假设4-4a：智能制造企业的国际循环依存度越高，就越有可能加强联盟网络效率与技术创新之间的倒"U"型关系。

假设4-4b：智能制造企业的国际循环依存度越高，就越有可能加强数字平台网络效率与技术创新之间的正相关关系。

假设4-4c：智能制造企业的国际循环依存度越高，就越有可能加强联盟网络效率和数字平台网络效率在影响技术创新方面的替代效应。

假设4-4d：智能制造企业的国际循环依存度越高，联盟网络效率和数字平台网络效率之间的不平衡关系对技术创新的影响就越有可能加强。

本章的研究框架如图4-2所示。

第四章　数智时代中国企业创新网络的进化逻辑：数实孪生机制 | 47

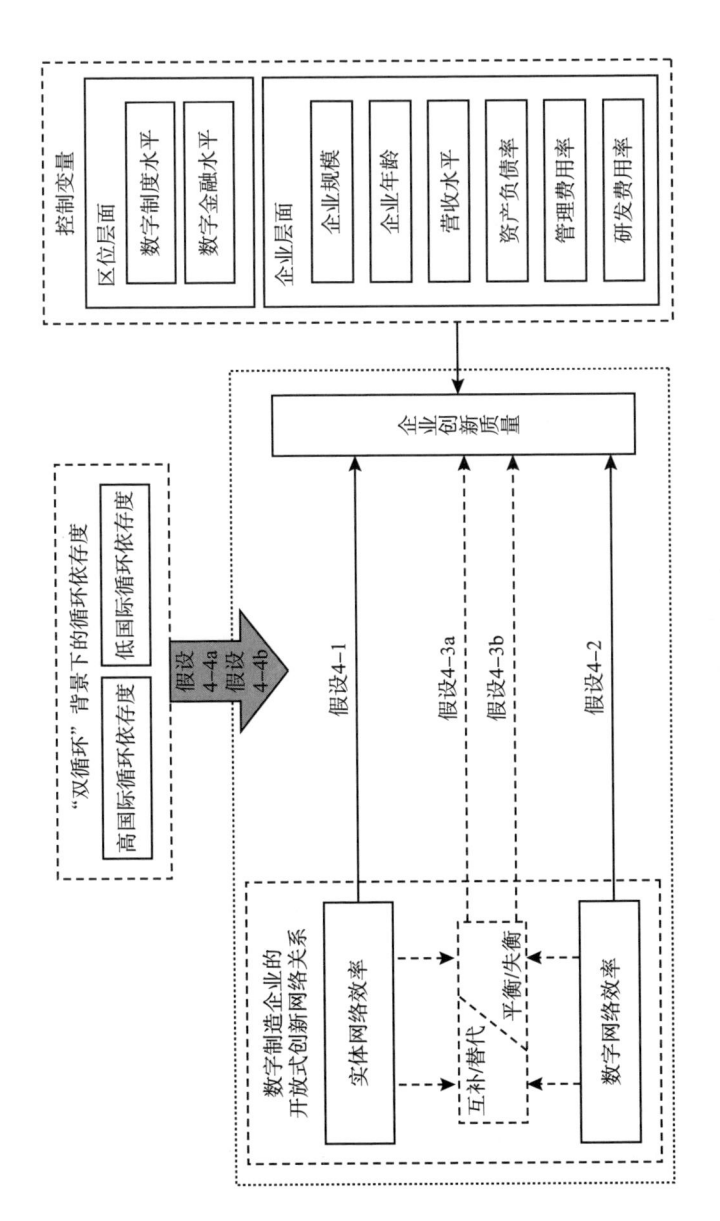

图4-2　研究框架

第二节　数实孪生机制视角下企业创新网络效率与技术创新的研究设计

一、样本选取与数据来源

本书选择在中国主板市场上市的智能制造企业面板数据作为样本，原因如下。首先，现有的网络与创新绩效研究往往选择中国作为研究背景（Liu et al.，2023；Galkina et al.，2023；Han and Xie，2023）。其次，中国通常被视为新兴市场国家的代表，面临类似的数字化转型机会和去全球化的负面影响（Luo and Witt，2022）。最后，中国培育了一批尖端智能制造企业，使智能制造成为极具代表性的产业。世界经济论坛和麦肯锡公司共同提出了"灯塔工厂"倡议。该倡议聚焦了处于数字技术前沿的企业。截至 2023 年 1 月，他们列出了 132 家企业，其中有 50 家中国企业，占 37.9%，居全球领先地位（WEF and McKinsey，2019）。因此，中国智能制造企业适合探索数智时代背景下工业 4.0 和工业 5.0 中的创新网络和技术创新问题。

本书以 2013～2018 年为研究时间窗口。《2020 年中国数字经济发展报告》提出，数字经济在 2013 年进入成熟发展阶段，因此本书选择 2013 年作为起点。同时，考虑到企业专利数据反映的网络效率对技术创新的滞后影响，选择 2018 年作为截止时间，并保持一个 3 年的窗口，观察到因变量结束于 2021 年。基于中国国家统计局《数字经济及其核心产业统计分类（2021）》，根据智能制造上市企业的主营业务行业代码，选择属于制造业的智能制造上市企业作为样本。在删除关键变量中缺失值的数据后，得到一个由 243 家智能制造企业和 1 458 家企业年观察结果组成的不平衡面板，进行分析。本研究进一步收集并补充了佰腾网的专利信息，佰腾网是中国知名的知识产权创新门户。企业财务数据来源于中国经济金融研究数据库（China Stock Market & Accounting Research Database，CSMAR），该数据库被广泛采用，被认为是一个可靠的数据库。此外，数字机构和数字金融数据来源于《数字中国指数报告》和《中国数字普惠金融发展测度：指数与空间特征》。

二、主要变量的定义与测量

（一）技术创新

借鉴现有研究，本书将技术创新定义为竞争对手模仿的难度（Aghion and Jaravel，2015）。使用专利的知识广度作为技术创新的衡量标准有两个原因。首先，由于中国企业拥有大量的工业品外观设计专利，利用专利知识广度来衡量企业的创新能力，避免了单纯用专利数量来衡量企业创新能力容易产生"专利泡沫"和"创新错觉"的缺点。其次，企业专利所反映的知识宽度越大，其复杂性越强，越难以被竞争对手模仿和取代。因此，本书对样本企业中经国家批准的发明专利和实用新型专利进行计量，不包括工业品外观设计专利。考虑到企业专利数据衡量技术创新可能存在滞后性，保留了3年作为窗口期。研究计算了两类专利在主组层面的《国际专利分类表》（International Patent Classification，IPC）分类号所涉及的知识广度的赫芬达尔—赫希曼指数（Herfindahl-Hirschman Index，HHI）：

$$Innovation = 1 - \sum \alpha^2$$

其中，Innovation代表技术创新，α代表专利分类号中各主要组的比例。采用Python软件（版本3.11.4）计算样本企业的专利知识广度。

（二）创新网络效率

1. 联盟网络效率

使用智能制造企业的不同股权关系来衡量联盟网络效率，这反映了联盟网络中资源的多样性（Patel et al.，2014）。考虑到网络效率可能会有持续的影响，将网络效率的起始年份设置为2010年，保持3年的窗口（Makri et al.，2010）。参考一些学者的研究，使用10%、50%和90%的截止值来衡量股权联盟关系的水平（Demirbag et al.，2009）：

$$\text{Alliance Network Efficiency} = \frac{1 - \sum_{i,\text{ANet}}^{m=4} \left(\frac{\text{weight}_{i,\text{ANet}} \times \text{count}_{i,\text{ANet}}}{\text{weight}_{max} \times \text{count}_{weight \neq 0}} \right)^2}{\text{weight}_{max} \times \text{count}_{weight \neq 0}}$$

$count_{i, ANet}$表示在 3 年窗口期间样本公司的每一层次中包含的股权关联公司的数量。$count_{weight \neq 0}$表示样本公司在 3 年窗口期间权重不为零值的股权附属公司的总数。$weight_{i, ANet}$表示样本公司股权网络中各级股权关联公司的权重。$weight_{max}$表示最大重量值定义的范围内。

2. 数字平台网络效率

本研究使用智能制造企业工业互联网平台创新协同中心的不同成员关系来衡量数字平台网络效率，这反映了数字平台网络中资源的多样性（Patel et al.，2014）。以工业和信息化部（简称"工信部"）指导下成立的工业互联网平台创新合作中心成员为标准，将其分为工业互联网双跨平台、工业互联网平台相关科研机构、工业互联网平台相关高校三类。同样，我们保持了一个 3 年的窗口，并测量了数字平台的网络效率：

$$\text{Digital Platform Network Efficiency} = \frac{1 - \sum_{i, DPNet}^{n=3}(weight_{i, DPNet} \times count_{i, DPNet})^2}{count_{weight \neq 0}}$$

$count_{i, DPNet}$表示 3 年窗口期内样本企业中每一类企业的合作伙伴数量，$count_{weight \neq 0}$代表 3 年窗口期内样本企业所有权重不为零值的合作伙伴总数，$weight_{i, DPNet}$表示每个类别的伙伴频率占伙伴总频率的权重。

（三）国际循环依存度

本研究使用海外业务收入占总营业收入的比例作为国际循环依存度的代理变量（Miller et al.，2016），衡量了企业资源对国际市场的依赖程度，这在之前的研究中也被广泛使用。接下来，根据国际循环依存度中位数将样本分为高组和低组，进行子样本回归。

（四）控制变量

研究控制了可能影响企业技术创新的企业和地区基本特征的几个变量（Sattar et al.，2020）。公司规模（size）是通过观察年员工人数的对数来衡量的（Ribeiro-Navarrete et al.，2021）。公司年龄（age）是需要控制的，例如成熟的公司可能有惯性和沉没成本,这会阻碍创新战略并对绩效产生负面影响(Bortoluzzi et al., 2022)。本书用公司成立以来年数的对数来衡量。营收水平(revenue)以观察年总营收的对数来衡量,这是影响开放式创新的因素之一(Tao et al., 2022)。资产负债率(lev)是反映企业创新绩效的公认财务指标,因此需要在给定年度内对其进行控制。企业的资产负债率越高,其创新能力越低。这是因为这些公司通常规模较小,并试图利用其高债务投资于创新,以试图扭转其低创新能力所获得的市场份额(Eriotis et al., 2002)。管理强度(manage)由管理支出除以总收入得到,反映了企业的战略重点(Bhandari et al., 2023)。研发强度(R&D)以研发支出占总收入的比例来衡量(Liu et al., 2023),因为学者们发现研发与产品创新或企业绩效之间存在正相关关系。数字制度水平(Digital Institutional, DI)基于《数字中国指数报告》中的中国城市数字发展指数。一些学者认为,与经济发展水平相一致的相对发达的数字环境(包括正式和非正式机构)可以对企业绩效产生积极影响(Sazanova et al., 2019)。数字金融水平(Digital Financial, DF)基于《衡量中国数字普惠金融发展:指标与空间表征》中的中国数字普惠金融指数。一些研究发现,数字金融显著提高了企业创新效率,与深度使用相比,扩大数字金融的覆盖范围对提升企业创新效率的作用更大(Wang et al., 2024)。

三、模型设定

本书重点评估了联盟网络效率和数字平台网络效率对技术创新的影响,并进一步分析了不同国际循环依存度下的异质性。根据豪斯曼检验(hausman test)的结果,使用 Stata 软件(Version 16.0)进行回归,采用固定效应面板模型。面板固定效应模型使得能够控制样本的所有非时变的未观察特征,从而减轻对于回归模型中遗漏变量偏差的担忧。因变量滞后于自变量和控制变量有助于缓解模型中由于潜在的反向因果关系而产生的潜在内生性担忧(Lee et al., 2023; Maksimov et al., 2022)。

为了检验假设中的非线性关系,研究在模型(4-2)和模型(4-4)中设置了自变量的二次项。为了探究两个网络的相互作用,参考相关研究

(Yang et al., 2022), 在模型 (4-5) 中设置了交互项, 在模型 (4-6) 中设计了差分项。具体模型如下:

$$\text{Inno}_{i,t} = \beta_0 + \beta_1 \text{ANet}_{i,t-1} + \beta_k \text{Control}_{k,i,t-1} + \varepsilon \qquad (4-1)$$

$$\text{Inno}_{i,t} = \beta_0 + \beta_1 \text{ANet}_{i,t-1} + \beta_2 \text{AEet}_{i,t-1}^2 + \beta_k \text{Control}_{k,i,t-1} + \varepsilon \qquad (4-2)$$

$$\text{Inno}_{i,t} = \beta_0 + \beta_1 \text{DPNet}_{i,t-1} + \beta_k \text{Control}_{k,i,t-1} + \varepsilon \qquad (4-3)$$

$$\text{Inno}_{i,t} = \beta_0 + \beta_1 \text{DPNet}_{i,t-1} + \beta_2 \text{DPEet}_{i,t-1}^2 + \beta_k \text{Control}_{k,i,t-1} + \varepsilon \qquad (4-4)$$

$$\text{Inno}_{i,t} = \beta_0 + \beta_1 \text{ANet}_{i,t-1} + \beta_2 \text{DPNet}_{i,t-1} + \beta_3 \text{ANet}_{i,t-1} \times \text{DPNet}_{i,t-1} + \beta_k \text{Control}_{k,i,t-1} + \varepsilon \qquad (4-5)$$

$$\text{Inno}_{i,t} = \beta_0 + \beta_1 (\text{ANet}_{i,t-1} - \text{DPNet}_{i,t-1}) + \beta_k \text{Control}_{k,i,t-1} + \varepsilon \qquad (4-6)$$

在模型中, β 为回归系数, Control_k 为控制变量, ε 为随机误差项。为了进一步捕捉国际循环依存度的调节作用,使用借鉴现有研究的门槛效应模型来分析国际循环依存度的调节作用 (Zhang et al., 2023)。根据该领域的研究, 门槛效应模型通过将残差平方和最小化来确定门槛, 并检验门槛的显著性 (Hansen, 1999)。该方法克服了主观设置结构突变点的偏差, 是一种比传统交互项和子样本回归更有效的调节效果检验方法。

第三节 数实孪生机制视角下企业创新网络效率与技术创新的实证证据

一、描述性统计和相关性分析

根据相关研究, 所有连续变量都在1%处进行了缩尾处理 (Welsh, 1987)。同时, 研究使用方差膨胀系数 (Variance Inflation Factor, VIF) 来评估多重共线性。结果表明, 平均VIF值远低于10, 这表明数据不存在多重共线性问题 (Neter et al., 1996)。各变量的描述性统计结果和相关系数如表4-1所示。

第四章 数智时代中国企业创新网络的进化逻辑：数实孪生机制

表 4-1　描述性统计和相关系数

变　量	平均值	标准差	(1)	(2)	(3)	(4)	(5)	(6)	(7)	(8)	(9)	(10)	(11)	(12)
(1) 技术创新 (Innovation)	11.227	26.477	1.000											
(2) 联盟网络效率 (ANet)	0.013	0.013	-0.176***	1.000										
(3) 数字平台网络效率 (DPNet)	-1.302	1.283	-0.112***	0.155***	1.000									
(4) 国际循环依存度 (Int)	0.248	0.223	-0.066***	0.003	0.018	1.000								
(5) 数字制度水平 (DI)	0.075	0.089	0.043	-0.202***	0.006	0.058**	1.000							
(6) 数字金融水平 (DF)	219.873	42.909	0.040	-0.303***	-0.001	0.014	0.630***	1.000						
(7) 企业规模 (size)	7.824	1.211	0.493***	-0.412***	-0.127***	0.080***	0.082***	0.092***	1.000					
(8) 企业年龄 (age)	2.705	0.352	0.139***	-0.115***	-0.031	-0.014	0.096***	0.269***	0.221***	1.000				
(9) 营收水平 (revenue)	21.337	1.388	0.506***	-0.418***	-0.143***	-0.022	0.113***	0.162***	0.890***	0.293***	1.000			
(10) 资产负债率 (lev)	0.378	0.182	0.210***	-0.317***	-0.104***	-0.032	0.021	0.109***	0.551***	0.241***	0.601***	1.000		
(11) 管理强度 (manage)	0.125	0.078	-0.164***	0.129***	-0.033	0.048*	0.107***	0.071***	-0.434***	-0.174***	-0.559***	-0.439***	1.000	
(12) 研发强度 (R&D)	0.063	0.052	-0.062**	0.105***	-0.055**	0.017	0.167***	0.074***	-0.284***	-0.154***	-0.369***	-0.361***	0.829***	1.000

注：***、**、* 分别表示在 1%、5%、10% 的水平上显著。

二、基准回归结果

上一节中研究模型的完整样本实证结果如表 4-2 所示。

表 4-2 主要回归结果

变量	联盟网络效率		数字平台网络效率		替代/互补	平衡/失衡
	(1)	(2)	(3)	(4)	(5)	(6)
联盟网络效率 (ANet)	76.802** (34.139)	174.832*** (15.292)			82.095** (34.619)	
联盟网络效率平方 ($ANet^2$)		-2473.076** (1167.365)				
数字平台网络效率 (DPNet)			0.939*** (0.291)	0.942** (0.372)	0.902*** (0.291)	
数字平台网络效率平方 ($DPNet^2$)				0.002 (0.147)		
联盟网络效率×数字平台网络效率 (ANet×DPNet)					-40.889** (18.982)	
联盟网络效率-数字平台网络效率 (ANet-DPNet)						-0.935*** (0.292)
常数项	-52.424** (21.135)	-60.312*** (21.430)	-41.785** (20.608)	-41.786** (20.616)	-53.900** (21.083)	-41.665** (20.609)
控制变量	√	√	√	√	√	√
R^2	0.073	0.076	0.077	0.077	0.084	0.077
F 值	10.527***	9.950***	11.162***	10.038***	9.977***	11.149***
观测值	1 458	1 458	1 458	1 458	1 458	1 458

注：括号内为企业层面的稳健标准误；***、** 分别表示在 1%、5% 的水平上显著。

首先，考察了联盟网络效率对创新的影响。从模型（4-1）和模型（4-2）中可以看出，联盟网络效率的一次项对技术创新的影响显著为正（β=76.802，p<0.05）。联盟网络效率的二次项对技术创新有显著的负向影响（β=-2473.076，p<0.05）。这些结果支持假设 4-1，即联盟

网络效率与智能制造企业技术创新之间存在倒"U"型关系（Haans et al.，2016）。这意味着，在一定范围内，联盟网络效率有利于技术创新，但当联盟网络效率过高时，对技术创新产生抑制作用。

其次，考察了数字平台网络效率对技术创新的影响。从模型（4-3）和模型（4-4）可以看出，数字平台网络效率一次项对技术创新的影响显著为正（β=0.939，p<0.01），而数字平台网络效率二次项对技术创新的影响不显著（p>0.1）。这些结果支持了假设4-2，即数字平台网络效率与智能制造企业技术创新之间存在正相关关系。

进而，基于经济学领域最常用的替代效应评估模型（Topkis，1998；Vives，1990），研究了两种网络效率对技术创新的交互作用。由模型（4-5）可知，两类网络效率对技术创新的交互作用显著为负（β=-40.89，p<0.05），表明联盟网络效率与数字平台网络效率对技术创新的影响存在替代效应，支持假设4-3a。为了更密切地检查重要的相互作用，本书参考有关学者的研究（Aiken et al.，1991），绘制了一个简单的回归斜率，按联盟网络效率的平均值分组（见图4-3）。由图4-3可知，当联盟网络效率较高时，数字平台网络效率的提升对技术创新提升的边际贡献较小，也符合替代假设。

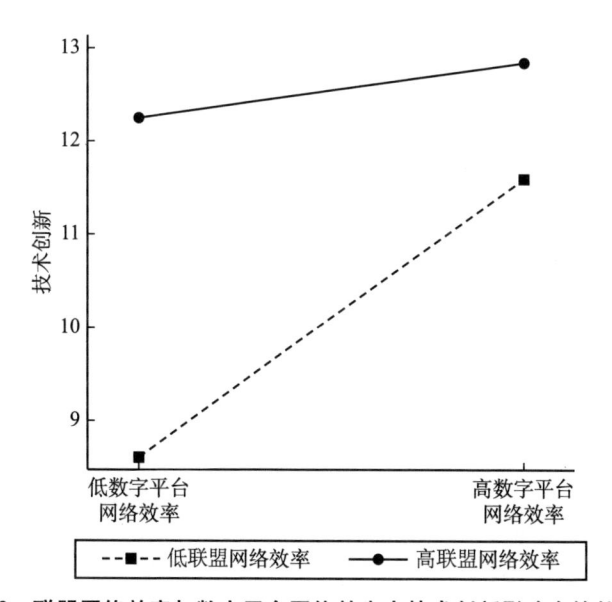

图4-3 联盟网络效率与数字平台网络效率在技术创新影响中的替代效应

最后,研究了联盟网络效率和数字平台网络效率之间的平衡对技术创新的影响。在模型(4-6)中,不平衡与技术创新呈显著负相关(β = -0.935,p < 0.01)。这说明不平衡与技术创新之间存在负相关关系,为假设4-3b提供了支持。

三、稳健性检验

为了确定实证结果的稳健性,进行了几项稳健性检验。首先,为了避免由于缺乏早期数据而导致处理后的数据与实证结果的干扰,研究缩短了观测时间窗口,使用2014~2018年的面板数据进行了新的回归。缩短观测时间窗后的实证结果与前述一致(见表4-3)。然后,为了保证模型的稳健性,使用随机效应模型,得到类似的结果(见表4-4)。

表4-3　　　　　稳健性检验:缩短观测时间窗口

变量	联盟网络效率		数字平台网络效率		替代/互补	平衡/失衡
	(1)	(2)	(3)	(4)	(5)	(6)
联盟网络效率(ANet)	111.0609** (47.2725)	221.4565*** (76.2394)			121.5243** (48.6869)	
联盟网络效率平方($ANet^2$)		-3555.06* (1928.103)				
数字平台网络效率(DPNet)			1.2793*** (0.3243)	1.3228*** (0.4171)	1.2071*** (0.3248)	
数字平台网络效率平方($DPNet^2$)				0.0276 (0.1665)		
联盟网络效率×数字平台网络效率(ANet×DPNet)					-54.2198** (26.3279)	
联盟网络效率-数字平台网络效率(ANet-DPNet)						-1.2757*** (0.3246)
常数项	-58.8361*** (25.8510)	-65.9299** (26.1039)	-48.8811* (25.3485)	-49.1290* (25.4052)	-58.7594** (26.2068)	-48.7623* (25.3498)
控制变量	√	√	√	√	√	√

续表

变量	联盟网络效率		数字平台网络效率		替代/互补	平衡/失衡
	(1)	(2)	(3)	(4)	(5)	(6)
R^2	0.0696	0.0729	0.0792	0.0792	0.0877	0.0791
F值	8.01***	7.56***	9.20***	8.27***	8.40***	9.19***
观测值	1 215	1 215	1 215	1 215	1 215	1 215

注：括号内为企业层面的稳健标准误；***、**、*分别表示在1%、5%、10%的水平上显著。

表4-4　　　　　稳健性检验：随机效应模型

变量	联盟网络效率		数字平台网络效率		替代/互补	平衡/失衡
	(1)	(2)	(3)	(4)	(5)	(6)
联盟网络效率（ANet）	88.7763*** (33.6878)	188.0741*** (56.5247)			94.3465*** (34.1935)	
联盟网络效率平方（ANet²）		-2 547.145** (1 164.948)				
数字平台网络效率（DPNet）			0.7443*** (0.2891)	0.7409** (0.3719)	0.7006*** (0.2888)	
数字平台网络效率平方（DPNet²）				-0.0024 (0.1470)		
联盟网络效率×数字平台网络效率（ANet×DPNet）					-35.8404* (19.0454)	
联盟网络效率-数字平台网络效率（ANet-DPNet）						-0.7386** (0.2893)
常数项	-116.8396*** (17.3482)	-123.6367*** (17.6248)	-109.1361*** (17.0114)	-108.9969*** (17.0207)	-119.1817*** (17.3552)	-109.054*** (17.0109)
控制变量	√	√	√	√	√	√
R^2	0.0637	0.0671	0.0661	0.0661	0.0729	0.0660
F值	152.91***	157.81***	152.46***	152.20***	162.32***	1152.35***
观测值	1 458	1 458	1 458	1 458	1 458	1 458

注：括号内为企业层面的稳健标准误；***、**、*分别表示在1%、5%、10%的水平上显著。

第四节　不同国际循环依存度下的异质性分析

根据新近研究，对门槛效应检验进行两步分析（Zhang et al., 2023）。首先，检验了门槛的存在和数量，即当国际循环依存度超过门槛值时，自变量与因变量之间的关系会发生显著变化；其次，如果门槛存在，在下一步中，在国际循环依存度高于和低于门槛值时分别估计自变量和因变量之间的关系。

首先，门槛效应检验结果表明，国际循环依存度调节了联盟网络效率与技术创新之间的关系且存在单门槛（$\gamma = 0.0784$，$p < 0.05$）；国际循环依存度调节了网络替代效应且存在双重门槛（$\gamma_1 = 0.5512$，$\gamma_2 = 0.5557$，$p < 0.05$）。同时，研究发现，国际循环依存度未调节数字平台网络效率与技术创新之间的关系，即不存在显著的门槛效应，假设4-4b未得到支持。一种可能的解释是，数字平台可以缓解地理边界造成的知识流动和跨文化交流等障碍（Chen et al., 2019；Brouthers et al., 2022），使国际循环依存度显著影响联盟网络与创新的关系，而不影响数字平台与创新的关系。此外，研究结果发现，在影响两个网络不平衡与技术创新的关系中不存在门槛效应，因此不能支持假设4-4d。这一结果表明，无论国际循环依存度如何，两种网络之间的不平衡都会削弱企业的技术创新。

其次，在进一步检验中，在门槛存在的情况下，在国际循环依存度高于门槛值和低于门槛值的情况下，进一步分别估计解释变量和因变量之间的关系。固定效应模型第二步阈值效应的检验结果如表4-5所示。模型（4-7）的回归结果显示，国际循环依存度越高（$Int > 0.0784$），联盟网络效率与智能制造企业技术创新的倒"U"型关系越显著，支持了假设4-4a。模型（4-8）的回归结果显示，在较高的国际循环依存度下（$Int > 0.5512$），联盟网络效率和数字平台网络效率的替代效应对智能制造企业技术创新的影响更为显著，支持了假设4-4c。

表 4–5　　　　　　　　　　门槛效应结果

模型		国际循环依存度	解释变量	系数	控制变量	R^2	F 值
联盟网络效率	(2)	Int ≤ 0.0784	联盟网络效率 (ANet)	-97.0843	√	0.09	24.54
			联盟网络效率平方 ($ANet^2$)	4 231.4570 *			
		Int > 0.0784	联盟网络效率 (ANet)	286.8195 ***			
			联盟网络效率平方 ($ANet^2$)	-4 340.984 ***			
交互项	(5)	Int ≤ 0.5512	联盟网络效率×数字平台网络效率 (ANet×DPNet)	-22.5789	√	0.13	27.18
		0.5512 < Int ≤ 0.5557	联盟网络效率×数字平台网络效率 (ANet×DPNet)	-39 731.48 ***			
		Int > 0.5557	联盟网络效率×数字平台网络效率 (ANet×DPNet)	-119.5664 *			

注：***、* 分别表示在 1%、10% 的水平上显著。

第五章　全球视野下的中国企业创新网络韧性与国际竞争优势

在全球化与数字化日益加深的背景下，中国企业在国际竞争中面临着前所未有的机遇与挑战。全球创新网络为企业提供了多样化的知识资源和跨国合作的机会，帮助企业突破本土资源的限制，避免对技术和市场的路径依赖。在美国技术脱钩的背景下，中国跨国企业提升全球创新网络的韧性变得尤为必要。本章深入探讨了全球创新网络韧性影响企业国际竞争优势的理论机制与实证证据。

第一节　从本土到全球：创新网络韧性的跃迁

本土创新网络是指组织与本土创新主体间基于知识联结而形成的紧密关系，具有同源性、显性化与共享性等特征（李鹏、吴瑶、彭华涛，2022）。研究表明，本土创新网络为集群企业提供关键本土知识资源，显著增强集群内部组织黏性，能够有效弥补单个企业在本土知识资源搜寻、市场信息收集与技术创新等方面的劣势，强化集群内部知识资源的流动、共享与吸收，提升知识资源交换效率，为企业进行国际扩张提供稳定、持久且可靠的内部资源保障（肖亮等，2018）。但组织有依赖经验与惯例的惰性（杨博旭等，2019），过度嵌入会强化网络成员互信，也会隔离网络外知识源，集群内资源趋同，企业创新面临合作对象单一和技术锁定窘境。而全球创新网络作为本土创新网络的重要延伸，不仅有利于帮助企业突破单一市场的限制，还有利于拓展知识获取渠道，可以帮助企业获取更多的异质性创新资源，避免路径依赖进而陷入知识锁定。

全球创新网络是指企业与海外创新主体通过知识联结而形成的关系网络，具有开放性、广泛性与共享性等特征，其核心优势之一在于其跨国界、跨文化的知识共享与合作。这种多样化的知识流动为集群企业提供了更多异质化的创新资源，有效避免了本土创新网络可能导致的路径依赖和知识锁定问题（Capone F et al., 2021）。全球创新网络不仅有助于提升集群企业在海外知识资源的定位、搜寻与获取能力，还能激发网络中各行为主体的国际创业动能，促进海外知识资源的交流、反馈与互动，是形成国际竞争优势的重要战略资源（Banalieva and Dhanaraj, 2019）。然而，在数字化和全球化日益加深的背景下，全球创新网络面临的挑战比本土网络更加复杂和多元（如美国技术脱钩和封锁与中美贸易摩擦等），这让全球创新网络的韧性显得尤为重要。与本土创新网络主要应对本地市场变化、技术演进和政策变动不同，国际创新网络的韧性需要应对更多不确定性因素和跨国挑战。这要求企业从被动适应转变为主动应对，积极规划和构建全球创新网络，增强全球创新网络韧性，让自身能够在动态变化的全球环境中保持持续的创新动力，推动其在国际市场中的长期发展和竞争优势。

第二节 全球创新网络韧性提升国际竞争优势的理论机理

现有研究关于韧性对企业竞争优势的战略意义已经初步达成一些共识，认为韧性强的企业对环境反应速度快，更容易形成和维持自身的竞争优势，但大多基于理论思辨（张公一等，2023），鲜有研究通过实证分析进一步验证韧性对企业竞争优势的影响结果，尤其缺乏将韧性的考量推进到创新网络层面的研究。本节重点研究全球创新网络韧性对国际竞争优势的影响，理顺其中的影响机理。

从网络的内涵出发，知识层面和结构层面代表了创新网络的两个关键属性：知识要素本身特性与知识要素之间的连接方式。同时，复杂网络理论指出，系统的韧性不仅取决于其内部组成要素的特性，还取决于这些要素之间的相互联系和整体组织方式（汪小帆等，2006）。有学者（Linnenluecke, 2017）也指出，韧性不仅体现为应对外部变化的能力，还在于其网络结构。因此，本节从知识和结构层面讨论全球创新网络韧性，探讨全球创新网络韧性如何影响企业的国际竞争优势。

内外知识关联度是指企业在本土创新网络与全球创新网络之间的关联度，关注企业如何将其国内的知识资源与全球范围内的创新、技术、市场等资源进行连接和互动。内外知识关联度能够从创新、发展潜力识别和绩效提升等方面提示企业竞争优势。首先，高内外知识关联度能够显著增强企业的创新能力。随着全球化和技术进步，企业创新的边界越来越模糊，企业间的知识流动变得愈加频繁和复杂。在这种背景下，企业不再仅依赖于内部资源进行创新，而是还通过与外部合作伙伴（如科研机构、供应商等）的联系进行创新，企业的内外知识关联度越高，企业越能有效地将国内的创新资源与全球范围内的创新资源、前沿技术、国际市场需求紧密对接，可以获得不同来源的信息与资源，从而加速创新过程（Jaffe et al.，1993）。同时，不同创新主体之间相互合作会产生技术溢出效应（潘清泉等，2015），高关联度可以帮助企业更快地找到外部合作伙伴，在合作过程中企业能够有效吸收和消化外部的技术成果、市场趋势、管理经验等，从而在技术研发、产品设计、服务创新等方面取得突破。特别是在技术领域，企业通过跨界合作和技术转移，能够迅速掌握前沿技术，弥补自身的技术短板，形成更强的创新动力（Kogan et al.，2016），在全球市场中占据先机，形成自身的竞争优势。

其次，内外知识关联度的提升能够帮助企业更有效地识别其发展潜力与战略方向（Tan and Wang，2016）。在快速变化的市场和技术环境中，企业需迅速识别新的发展机会。与全球合作伙伴的互动和交流，不仅有助于获取市场情报、行业动态和政策法规等关键信息，还能为企业判断哪些领域具有较大潜力提供依据。国内与全球创新网络的互动促使企业更加清晰地认识自身的技术专长和竞争优势，识别其在技术领域的核心竞争力，从而为战略决策提供科学支持（Tan and Wang，2016）。例如，华为在通信技术方面处于领先地位，在5G技术的研发过程中，通过与多所全球知名大学和研究机构的合作，积极参与全球行业会议［如国际电信联盟（International Telecommunication Union，ITU）和第三代合作伙伴计划（3rd Generation Partnership Project，3GPP）等］，有效提升了对前沿技术的掌控力，抢占了拳头产品市场。此外，通过与顶尖科研机构的合作，华为不仅积累了大量技术专利，也进一步巩固了其技术专长，并推动了5G及其他领域的产品创新，形成独特的竞争优势。①

最后，内外知识关联度对企业绩效的提升起到了重要作用。企业绩效的提升不仅依赖于内部管理和资源配置，更与外部合作和知识共享密切相关（Capone F et al.，2021）。内外知识关联为企业成功进行相似技术的合作提供了便捷的途径，使企业能够共享技术资源、市场信息和管理经验，获得协同效应和协同收益（Breschi et al.，2003），从而提高了企业的竞争优势。

综上所述提出假设5-1。

假设5-1：企业全球创新网络的内外知识关联度正向影响企业的国际竞争优势。

创新网络结构韧性指的是企业创新网络中各个节点之间的联系强度、稳定性及这些联系在外部冲击或环境变化下的适应能力。创新网络的韧性不仅反映了企业在快速变化的环境中整合内外部知识的能力，还能够从全局视角展现企业各类资源的协同效应。随着全球市场和技术环境的快速演变，企业面临越来越多的外部挑战与不确定性。高韧性的创新网络可以帮助企业提升应对这些挑战的能力，进而提升其国际竞争优势。

首先，知识元素的本质决定了两个知识元素是否可以组合以及这种组合是否具有实际应用价值（Wang et al.，2014）。企业网络连接紧密度较低时，可能表明企业的知识元素间缺乏有效组合的机会，或者即便组合，实际应用价值也较低。这使企业难以快速获得技术创新或提升现有技术的能力，从而影响其竞争力。随着创新网络节点之间的联系逐渐密切，企业在整合现有知识和技术时能够积累更多成功经验，增强对知识元素组合及其应用前景的信心（Fleming，2001）。例如，通过紧密的合作，企业不仅能够提升现有技术的应用价值，还能够通过对已有知识的深入挖掘，推动新技术的开发与应用，从而提升其技术创新能力与市场竞争力。在全球化竞争日益激烈的今天，这种创新能力的提升对于企业在国际市场中获取竞争优势至关重要。

---

① 开放合作共赢-关于华为［EB/OL］. 华为，https://www.huawei.com/cn/corporate-information/openness-collaboration-and-shared-success

其次，节点间的紧密联系使信息流动更加高效、迅速。企业通过频繁的交流与互动，可以及时获取并应用最前沿的行业技术和创新成果，提升现有技术和流程的效率（谢洪明等，2009）。这种高效的信息传播不仅能帮助企业提高现有技术和流程的效率，还能推动企业发现新的技术方向和市场机会，发现潜在的创新机会，进而推动产品、服务和商业模式的创新，形成自身的竞争优势。

最后，在全球市场的不确定性加剧的背景下，创新网络的韧性使企业能够更有效地应对外部风险。创新网络结构韧性指的是企业创新网络中各个节点之间的联系强度。一方面，各节点之间的紧密联系意味着企业中掌握这些知识和技术的研发人员通过以往合作已培养了彼此间的信任和默契，在受到冲击时，可以更好地进行合作，从而维持企业的竞争优势（徐露允等，2018）。另一方面，企业之间频繁的沟通和互动能够促使双方形成持续稳定的风险分担，从而遏制经营风险（崔蓓和王玉霞，2017），更好地维持其国际竞争力。

综上所述提出假设 5-2。

假设 5-2：企业全球创新网络的网络结构韧性正向影响企业的国际竞争优势。

第三节 全球创新网络韧性提升国际竞争优势的实证证据

一、样本选取与数据来源

（一）样本选取

本节选择制造业作为研究样本，原因在于：（1）制造业行业种类多样、层级分明，涵盖从高技术密集型到传统资源密集型企业，能够为本节研究提供多层次的实证样本；（2）制造业企业经常面临供应链中断、技术封锁、地缘政治等外部冲击，其应对这些挑战的创新网络韧性具有典型意义；（3）制造业企业在专利申请、研发投入和技术合作等方面相关数据更多，为相关研究提供了丰富的实证数据支持。综上所述，制造业的典型性与复杂性为探讨企业全球创新网络韧性及国际竞争优势提供了良好的研究基础。

本节选择2012～2022年制造业跨国企业数据为样本,将中国经济金融研究数据库中下载的制造业上市公司与中国经济金融研究数据库中海外直接投资板块的海外业务收入表进行匹配,筛选出跨国企业,并对所得数据进行清洗:(1)删除总资产小于总负债的样本;(2)剔除ST、*ST企业;(3)剔除企业年龄小于1的样本;(4)对连续型变量进行双边1%的缩尾处理。最后,获得2012～2022年企业—年份层面共12 438个样本观测值。

(二)数据来源

本节需要收集两类数据。第一类是企业数据,数据来源为国泰安数据库,主要包括被解释变量以及企业层面的控制变量。第二类是专利数据,为了更好地对比国内与国际创新网络,本节从国家知识产权局取得国内专利相关数据,从全球知识产权数据库(BvD-Orbis Intellectual Property)取得国际相关数据,主要选择的字段包括"Applicant(s) BvD ID Number(s)""Application/filing date""Publication Type(P/D/U)""IPC code(main)""IPC code(others)"。

二、变量定义与测度

(一)被解释变量

本节的被解释变量为国际竞争优势。企业竞争优势的测算方法众多。有的文献基于普通最小二乘法(Ordinary Least Squares,OLS)、条件极大似然估计法(Lagrange Multiplier,LP)或自相关函数法(AutoCerrelatian Function,ACF)等,通过测算企业加成率作为企业竞争优势的衡量指标(蒋冠宏,2021;唐浩丹等,2022);有的文献通过将数个指标加权求和后的综合指标作为企业竞争力的衡量指标(金碚,2003;潘艺和张金昌,2023)。跨国程度或国际化水平是企业全球化经营实力的重要考量因素,是企业国际竞争力的重要体现(胡华夏和喻辉,2005;李珮璘,2015),国际化深度(外国销售占总销售的比率)能够有效反映企业在全球市场中的销售表现(Sullivan,1994;潘宏亮,2019)。本节采用外国销售占总销售的比率作为衡量国际竞争优势的主要指标，进而评估其国际竞争优势。

$$FSTS = ForeignSales/TotalSales$$

（二）解释变量

本节的解释变量为全球创新网络韧性。全球创新网络韧性是指在全球范围内，企业的创新网络在面对外部冲击时的适应与恢复能力。本节通过内外知识关联度与网络结构韧性两个维度对全球创新网络韧性进行测量。

内外知识关联度刻画了企业国内创新网络与其全球创新网络的技术相关性，借鉴国外学者（Phelps，2010）的研究，采用模型（5-1）表示内外知识关联度：

$$Tech_t = T_{it}T_{jt} / (T_{it}T'_{it})^{1/2}(T_{jt}T'_{jt})^{1/2} \quad (5-1)$$

其中，$Tech_t$ 为企业在 t 年与其自身所处的全球创新网络的技术关联度，T_{it} 表示公司在 t 年自身所拥有的专利分布向量，T_{jt} 表示企业所处全球创新网络在 t 年所拥有的专利分布向量，$Tech_t$ 最小为 0，最大为 1，企业与其自身所处的全球创新网络的专利布局越相似，其专利布局向量的相关系数越高，内外知识关联度也越高。

网络结构韧性使用网络密度测量，衡量了创新网络中各节点之间的连接紧密程度。参照陈旭等（2020）的研究，采用模型（5-2）衡量网络结构韧性：

$$NSR = m/n(n-1)/2 \quad (5-2)$$

其中，n 为创新网络包含的节点总量，n(n-1)/2 为网络关系总数在理论上的最大可能值，m 为各节点间实际相连的数量。

（三）控制变量

本节基于以往研究，选取企业年龄、企业规模、资产负债率、总资产收益率（ROA）、员工人数和现金流比率作为控制变量，并对各变量进行如下衡量：企业年龄以公司成立当年至当前年份的总年数（包括成立年份）取自然对数表示；企业规模采用年末总资产的自然对数表示；资产负债率以年末总负债除以年末总资产计算；总资产收益率采用净利润与总资产平均余额的比值衡量；员工人数取员工总人数的自然对数；现金流比率则以经营活动产生的现金流量净额除以总资产计算。此外，为了控制企业因素可能带来的影响，本节还控制了企业固定效应（Firm）。

三、模型设计

本节关注的核心问题是全球创新网络韧性在外部冲击（如市场变化、政策调整等）下对企业国际竞争优势的影响。由于企业面临的外部环境和冲击会对其国际竞争优势产生不同程度的影响，因此，传统的双重差分方法不足以全面揭示这一复杂的互动效应。通过引入三重差分模型，本节能够同时考虑企业的全球创新网络韧性、外部冲击的时间效应以及不同类型企业的差异，从而更准确地分析全球创新网络韧性如何在外部冲击下影响企业竞争优势。因此，本节采用三重差分法进行模型的构建。本节构建的基本模型（5-3）、模型（5-4）如下：

$$ICA_t = \beta_0 + \beta_1 \times Tech_t \times Group_t \times Time_t + \beta_2 \times Tech_t \times Group_t$$
$$+ \beta_3 \times Tech_t \times Group_t + \beta_4 \times Tech_t \times Group_t + \lambda \times controls_{it}$$
$$+ Firm_i + year + \varepsilon_{it} \qquad (5-3)$$

$$ICA_t = \beta_0 + \beta_1 \times NSR_t \times Group_t \times Time_t + \beta_2 \times NSR_t \times Group_t$$
$$+ \beta_3 \times NSR_t \times Time_t + \beta_4 \times Group_t \times Time_t + \lambda \times controls_{it}$$
$$+ Firm_i + year + \varepsilon_{it} \qquad (5-4)$$

在以上研究模型中，被解释变量 ICA_{it} 表示企业 i 在第 t 年的国际竞争优势。自变量中包含了三个关键变量：全球创新网络韧性（分为内外知识关联度 $Tech_{it}$ 和网络结构韧性 NSR_{it}），分组变量 $Group_i$（全球创新网络样本企业为 1，否则为 0），时间变量 $Time_t$（2018 年前为 0，2018 年及之后为 1）。控制变量集 $controls_{it}$ 包括企业年龄（age）、企业规模（size）、资产负债率（lev）、资产收益率（ROA）、员工人数（employee）以及现金流比率（cashflow），用来控制其他可能影响企业国际竞争优势的外生因素。在模型中，$Firm_i$ 表示企业固定效应，控制企业层面不可观测的异质性，year 表示年份固定效应；ε_{it} 是随机误差项，用于捕捉其他未被解释的随机因素。通过这两组模型的分析，本章能够揭示在外部冲击下，全球创新网络韧性对企业国际竞争优势产生的影响机制和程度。模型中，交互项 $Tech_{it} \times Group_i \times Time_t$ 和 $NSR_{it} \times Group_i \times Time_t$ 是本章的核心解释变量，其系数 β_1 反映了在外部冲击背景下，全球创新网络韧性对实验组企业国际竞争优势的净影响。通过分析这些交互项，本章能够评估企业在面临外部冲击时，其全球创新网络韧性如何影响企业在全球市场中的竞争表现。

本章主要变量的描述性统计结果如表5-1所示。变量的相关性分析结果见表5-2。

表5-1 描述性统计结果

变量	平均值	标准差	最小值	最大值
内外知识关联度（Tech）	0.939	0.141	0.199	1
网络结构韧性（NSR）	0.127	0.174	0	1
国际竞争优势（ICA）	0.194	0.227	0	0.918
企业年龄（age）	2.894	0.326	1.386	4.025
资产负债率（lev）	0.398	0.189	0.0100	2.861
企业规模（size）	22.09	1.139	18.65	26.93
资产收益率（ROA）	0.0500	0.0840	-2.160	0.863
员工人数（employee）	7.806	1.078	0	11.18
现金流比率（cashflow）	0.0540	0.0620	-0.196	0.267

表5-2 相关性分析结果

变量	Tech	NSR	ICA	age	lev	size	ROA	employee	cashflow
内外知识关联度（Tech）	1								
网络结构韧性（NSR）	-0.0150	1							
国际竞争优势（ICA）	-0.00300	-0.057***	1						
企业年龄（age）	-0.051***	-0.026***	0.0160	1					
资产负债率（lev）	0.0150	-0.099***	-0.0110	0.155***	1				
企业规模（size）	-0.029**	-0.120***	-0.039***	0.200***	0.473***	1			
资产收益率（ROA）	0.00300	0.032***	-0.103***	-0.061***	-0.380***	-0.00900	1		

续表

变量	Tech	NSR	ICA	age	lev	size	ROA	employee	cashflow
员工人数（employee）	0.019*	-0.155***	0.037***	0.137***	0.466***	0.819***	0.024**	1	
现金流比率（cashflow）	-0.0100	0.00100	0.045***	0.029***	-0.189***	0.063***	0.416***	0.116***	1

注：***、**、*分别表示在1%、5%、10%的水平上显著。

四、基准回归结果

本章通过三重差分模型分析了全球创新网络韧性对企业国际竞争优势的影响。如表5-3回归结果所示，全球创新网络的两个关键维度——内外知识关联度（Tech）和网络结构韧性（NSR）在外部冲击下对企业国际竞争优势的影响存在显著差异。具体而言，表5-3列（1）所示的交互项 Tech×Group×Time 的系数显著为正（$\beta=0.259$，$p<0.05$），表明在外部冲击背景下，全球创新网络中内外知识关联度的提升能够显著增强实验组企业的国际竞争优势，支持假设5-1。表5-3列（2）所示的交互项 NSR×Group×Time 的系数显著为正（$\beta=0.650$，$p<0.01$），进一步验证了网络结构韧性在外部冲击下对全球创新网络样本企业竞争优势的正向促进作用，支持假设5-2。

表5-3　全球创新网络韧性对国际竞争优势的回归结果

变量	国际竞争优势（ICA）	
	（1）	（2）
内外知识关联度×组别×时间（Tech×Group×Time）	0.259** (0.109)	
网络结构韧性×组别×时间（NSR×Group×Time）		0.650*** (0.182)
内外知识关联度×时间（Tech×Time）	-0.030 (0.019)	
内外知识关联度×组别（Tech×Group）	-0.096 (0.104)	

续表

变　量	国际竞争优势（ICA）	
	(1)	(2)
组别×时间（Group×Time）	-0.261** (0.106)	
网络结构韧性×时间（NSR×Time）		-0.013 (0.014)
网络结构韧性×组别（NSR×Group）		-0.359** (0.139)
组别×时间（Group×Time）		-0.077*** (0.022)
组别	—	—
常数项	-0.676*** (0.242)	-0.645*** (0.218)
控制变量	Yes	Yes
年份	Yes	Yes
企业固定效应	Yes	Yes
内外知识关联度×组别×时间（Tech×Group×Time）	0.051	0.050

注：括号内为企业层面的稳健标准误；***、** 分别表示在1％、5％的水平上显著。

五、稳健性检验

（一）时间安慰剂检验

为了验证研究中选择的时间节点是否存在潜在的时间预期效应干扰，将进行时间安慰剂检验。具体而言，本章将时间分组变量提前1年、2年、3年，分别构造虚假时间虚拟变量，并对其进行回归分析。这一检验方法的核心目的是确认时间虚拟变量的有效性。如果回归结果在这些虚拟时间节点上未表现出显著性，时间节点选择是有效的。通过这一检验，本章能够进一步排除时间效应的干扰，增强研究结论的稳健性。具体检验结果见表5-4。

第五章 全球视野下的中国企业创新网络韧性与国际竞争优势 | 71

表 5-4　　　　　　　　　　时间安慰剂效应结果

变　　量	提前 1 年		提前 2 年		提前 3 年	
	(1)	(2)	(3)	(4)	(5)	(6)
内外知识关联度 × 组别 × 时间 (Tech × Group × Time)	0.009 (0.014)	—	—	—	—	—
网络结构韧性 × 组别 × 时间 (NSR × Group × Time)	—	0.000 (0.017)	—	—	—	—
内外知识关联度 × 组别 × 时间 (Tech × Group × Time)	—	—	0.012 (0.015)	—	—	—
网络结构韧性 × 组别 × 时间 (NSR × Group × Time)	—	—	—	0.009 (0.016)	—	—
内外知识关联度 × 组别 × 时间 (Tech × Group × Time)	—	—	—	—	0.004 (0.018)	—
网络结构韧性 × 组别 × 时间 (NSR × Group × Time)	—	—	—	—	—	0.008 (0.016)
控制变量	Yes	Yes	Yes	Yes	Yes	Yes
年份	Yes	Yes	Yes	Yes	Yes	Yes
企业固定效应	Yes	Yes	Yes	Yes	Yes	Yes
R^2	0.048	0.051	0.048	0.050	0.048	0.050

注：括号内为企业层面的稳健标准误。

回归结果表明，在所有提前设定的时间节点上，虚拟变量的系数均未显著。这表明在这些虚拟时间节点上并未观察到显著的效应。这一结果支持了实际时间节点的有效性，排除了时间预期效应的干扰。

（二）随机效应模型检验

为了进一步验证模型结果的稳健性，本章还进行了随机效应模型的估计。与固定效应模型不同，随机效应模型假设个体效应是随机的且与解释变量不相关。通过估计随机效应模型，可以检查不同模型假设下估计结果的一致性，并评估固定效应假设对回归结果的影响。如果随机效应模型的结果与固定效应模型相似且不显著变化，则表明模型设定具有较强的稳健性。在本章中，随机效应模型的估计结果与固定效应模型的结果一致，进一步验证了实证结论的稳健性，并保证了模型设定的合理性。具体检验结果见表5–5。

表5–5　　　　　　　　　　随机效应模型结果

变量	国际竞争优势（ICA）	
	（1）	（2）
内外知识关联度×组别×时间（Tech×Group×Time）	0.188* (0.099)	—
网络结构韧性×组别×时间（NSR×Group×Time）	—	0.899*** (0.163)
内外知识关联度×时间（Tech×Time）	0.039*** (0.006)	—
内外知识关联度×组别（Tech×Group）	−0.104 (0.093)	—
组别×时间（Group×Time）	−0.196** (0.096)	—
网络结构韧性×时间（NSR×Time）	—	0.024* (0.014)
网络结构韧性×组别（NSR×Group）	—	−0.404*** (0.140)
组别×时间（Group×Time）	—	−0.088*** (0.022)
组别	0.124 (0.092)	0.046 (0.029)
常数项	0.127 (0.126)	−0.114 (0.117)
控制变量	Yes	Yes
年份	No	No
企业固定效应	No	No

注：括号内为企业层面的稳健标准误；***、**、*分别表示在1%、5%、10%的水平上显著。

第五章 全球视野下的中国企业创新网络韧性与国际竞争优势

(三) 替换因变量的稳健性检验

为了验证模型的稳健性,本章将因变量替换为出口竞争力以验证模型稳定性。借鉴外国学者的方法,本章以出口技术复杂度测算出口竞争力。出口竞争力的变化通常是逐步积累的过程,企业逐年调整其产品结构、市场策略及技术创新,需要经过一定的时间之后才能在国际市场上产生显著的竞争力变化。因此,本节引入滞后两期的出口竞争力作为新的因变量,验证模型的稳定性。具体检验结果如表5-6所示,与回归结果基本一致,表明了改变因变量的测算方法不会影响本章的估计结果,基准回归的结果较为稳健。

表 5-6　　　　　　　　替换因变量的稳健性检验

变量	出口竞争力 (1)	出口竞争力 (2)
内外知识关联度 × 组别 × 时间 (Tech × Group × Time)	1.494 * (0.805)	—
网络结构韧性 × 组别 × 时间 (NSR × Group × Time)	—	14.499 *** (5.485)
内外知识关联度 × 时间 (Tech × Time)	-0.015 (0.191)	—
内外知识关联度 × 组别 (Tech × Group)	-1.228 * (0.727)	—
组别 × 时间 (Group × Time)	-2.153 *** (0.641)	—
组别 (Group)	—	—
网络结构韧性 × 时间 (NSR × Time)	—	-0.387 * (0.210)
网络结构韧性 × 组别 (NSR × Group)	—	-4.455 (4.536)
组别 × 时间 (Group × Time)	—	-2.040 *** (0.455)

续表

变 量	出口竞争力	
	(1)	(2)
常数项	-19.886*** (3.767)	-14.747*** (2.917)
控制变量	Yes	Yes
年份	Yes	Yes
企业固定效应	Yes	Yes
R^2	0.134	0.134

注：括号内为企业层面的稳健标准误；***、*分别表示在1%、10%的水平上显著。

六、异质性分析

接下来将分别从区域层面异质性、要素密集特征异质性以及企业性质异质性三方面，针对企业全球创新网络韧性对国际竞争优势的异质性和边界条件进行讨论。

（一）基于区域层面的异质性检验

按照国家统计局对我国三大地带的分类标准，将全国31个省份（不包括港澳台）划分为东、中、西三大区域，针对三大区域，就国际创新网络韧性对企业国际竞争优势的影响情况进行分析，具体检验结果如表5-7所示。

表5-7　　　　　　　基于区域层面的异质性检验结果

变 量	ICA					
	东部		中部		西部	
	(1)	(2)	(1)	(2)	(1)	(2)
内外知识关联度×组别×时间（Tech×Group×Time）	0.273** (0.124)	—	0.179 (0.185)	—	0.241 (0.154)	—
内外知识关联度×时间（Tech×Time）	-0.027 (0.023)	—	-0.033 (0.034)	—	-0.058* (0.030)	—

续表

变量	ICA 东部 (1)	东部 (2)	中部 (1)	中部 (2)	西部 (1)	西部 (2)
内外知识关联度×组别（Tech×Group）	-0.079 (0.120)	—	-0.257 (0.198)	—	-0.188* (0.099)	—
组别×时间（Group×Time）	-0.271** (0.122)	—	-0.172 (0.179)	—	-0.264** (0.126)	—
网络结构韧性×组别×时间（NSR×Group×Time）	—	0.722*** (0.211)	—	0.452** (0.189)	—	0.126 (0.379)
网络结构韧性×时间（NSR×Time）	—	0.001 (0.017)	—	-0.056 (0.036)	—	-0.055* (0.028)
网络结构韧性×组别（NSR×Group）	—	-0.432*** (0.165)	—	-0.184 (0.193)	—	0.024 (0.236)
组别×时间（Group×Time）	—	-0.082*** (0.028)	—	-0.053*** (0.018)	—	-0.054 (0.051)
组别（Group）	—	—	—	—	—	—
常数项	-0.614** (0.281)	-0.715*** (0.258)	-0.691 (0.659)	-1.164* (0.648)	-1.153* (0.594)	-0.105 (0.436)
控制变量	Yes	Yes	Yes	Yes	Yes	Yes
年份	Yes	Yes	Yes	Yes	Yes	Yes
企业固定效应	Yes	Yes	Yes	Yes	Yes	Yes
R^2	0.058	0.057	0.053	0.077	0.099	0.057

注：括号内为企业层面的稳健标准误；***、**、*分别表示在1%、5%、10%的水平上显著。

根据回归分析结果，全球创新网络韧性在不同地区对企业国际竞争优势的影响存在显著差异。具体而言，全球创新网络韧性对东部地区的企业国际竞争优势的影响更为显著。回归结果显示，内外知识关联度（β=0.273，p<0.05）、网络结构韧性（β=0.722，p<0.01），对东部地区企业均产生了显著正向影响。对中部地区而言，回归分析显示出一定的正向影响，但效果不及东部地区，这可能受制于中部地区相对匮乏的区域性创

新资源，企业的国际化水平较东部地区低，这使得它们对全球创新网络的韧性依赖较少。在西部地区，全球创新网络韧性对国际竞争优势的影响几乎为零，与东、中部地区相比，西部地区普遍面临基础设施建设滞后、技术创新能力不足、资源匮乏和市场环境不成熟等多重挑战。尽管西部地区的企业在近年来逐步加大了对创新的投入，但由于该地区整体的经济和创新基础较弱，企业的国际循环依存度也相对较低，导致全球创新网络的韧性未能显著促进企业的国际竞争力。

（二）基于要素密集特征的异质性检验

借鉴阳立高（2014）等对制造业要素密集度的分类方法，将制造业分为劳动、资本与技术密集型三大类产业；再根据企业所在行业对其进行分组，划分为劳动密集型、资本密集型以及技术密集型企业并展开分组检验，估计结果见表5-8。

表5-8　　　　　基于要素密集特征的异质性检验结果

变量	技术密集型企业 (1)	技术密集型企业 (2)	资本密集型企业 (1)	资本密集型企业 (2)	劳动密集型企业 (1)	劳动密集型企业 (2)
内外知识关联度×组别×时间（Tech×Group×Time）	0.276* (0.165)	—	0.257*** (0.091)	—	0.159 (0.170)	—
内外知识关联度×时间（Tech×Time）	-0.035 (0.025)	—	-0.019 (0.052)	—	0.040 (0.027)	—
内外知识关联度×组别（Tech×Group）	-0.051 (0.166)	—	-0.251*** (0.067)	—	0.008 (0.153)	—
组别×时间（Group×Time）	-0.306* (0.165)	—	-0.211** (0.082)	—	-0.124 (0.147)	—
网络结构韧性×组别×时间（NSR×Group×Time）	—	0.417* (0.240)	—	0.075 (0.192)	—	0.338 (0.420)
网络结构韧性×时间（NSR×Time）	—	-0.032 (0.021)	—	0.006 (0.027)	—	0.055 (0.034)
网络结构韧性×组别（NSR×Group）	—	-0.314** (0.154)	—	-0.146 (0.191)	—	-0.363 (0.409)

续表

变量	ICA					
	技术密集型企业		资本密集型企业		劳动密集型企业	
	(1)	(2)	(1)	(2)	(1)	(2)
组别×时间（Group×Time）	—	-0.084*** (0.030)	—	0.003 (0.031)	—	0.012 (0.064)
组别（Group）	—	—				
常数项	-1.013*** (0.353)	-0.958*** (0.331)	0.969* (0.498)	0.497 (0.396)	0.173 (0.480)	0.278 (0.384)
控制变量	Yes	Yes	Yes	Yes	Yes	Yes
年份	Yes	Yes	Yes	Yes	Yes	Yes
企业固定效应	Yes	Yes	Yes	Yes	Yes	Yes
R^2	0.055	0.056	0.047	0.054	0.031	0.036

注：括号内为企业层面的稳健标准误；***、**、*分别表示在1%、5%、10%的水平上显著。

由回归结果可知，全球创新网络韧性对企业国际竞争优势的影响在技术密集型企业最为显著。究其原因，可能是技术密集型企业对技术创新和全球资源的依赖性较强，全球创新网络韧性能够为其提供持续的技术支持和信息流动，帮助企业在面对外部冲击时保持竞争力。

（三）基于企业性质的异质性检验

本部分根据不同企业性质对国际创新网络韧性对企业国际竞争优势的影响情况进行分析，具体检验结果见表5-9。

表5-9　　　　　　　基于企业性质的异质性检验结果

变量	ICA			
	国有企业		非国有企业	
	(1)	(2)	(1)	(2)
内外知识关联度×组别×时间 （Tech×Group×Time）	0.035 (0.108)	—	0.416*** (0.129)	—

续表

变量	ICA 国有企业 (1)	ICA 国有企业 (2)	ICA 非国有企业 (1)	ICA 非国有企业 (2)
内外知识关联度×时间（Tech × Time）	-0.022 (0.029)	—	-0.035 (0.022)	—
内外知识关联度×组别（Tech × Group）	0.027 (0.060)	—	-0.244** (0.118)	—
组别×时间（Group × Time）	-0.056 (0.108)	—	-0.405*** (0.125)	—
网络结构韧性 × 组别 × 时间（NSR × Group × Time）	—	0.414 (0.294)	—	0.688*** (0.222)
网络结构韧性 × 时间（NSR × Time）	—	-0.004 (0.026)	—	-0.019 (0.017)
网络结构韧性 × 组别（NSR × Group）	—	-0.225 (0.179)	—	-0.422** (0.183)
组别×时间（Group × Time）	—	-0.056 (0.035)	—	-0.079*** (0.026)
组别（Group）	—	—	—	—
常数项	-0.162 (0.478)	-0.053 (0.333)	-0.610** (0.275)	-0.646** (0.252)
控制变量	Yes	Yes	Yes	Yes
年份	Yes	Yes	Yes	Yes
企业固定效应	Yes	Yes	Yes	Yes
R^2	0.018	0.012	0.069	0.066

注：括号内为企业层面的稳健标准误；***、** 分别表示在1%、5%的水平上显著。

全球创新韧性对国际竞争优势的影响在非国有企业显著，其原因可能是非国有企业能够通过增强全球创新网络的韧性，在内外知识关联度和网络结构的整合方面，显著提升其技术创新能力和市场适应能力，进而增强国际竞争力。非国有企业具有较强的市场适应性和创新驱动，能够快速响应全球市场的变化，并有效利用全球知识资源。

第四节　全球创新网络韧性提升国际竞争优势的策略

随着全球市场的不确定性增加，企业有效管理全球创新网络成为其获取竞争优势的关键。在上一节结果的基础上，本节主要进一步分析全球网络韧性如何提升国际竞争优势，以及网络编排能力在全球创新网络韧性与企业国际竞争中的作用。

一、网络编排能力

"编排"（orchestration）是指在音乐编曲中通过合理搭配不同乐器、音色来营造出听感交融、平衡的艺术。"网络编排"这一概念能够形象地刻画出跨组织网络的结构特征及其动态演化过程。网络编排是指枢纽组织通过一系列战略性行动，在构建的网络中实现价值创造（create value）与提取价值（extract value）的系统过程（Dhanaraj and Parkhe，2006）。也有学者将其界定为通过跨组织网络的系统化构建与管理，实现集体网络目标的过程（Paquin and Howard-Gren-ville，2013）。网络编排不仅涵盖了网络治理和网络能力的相关活动，还通过动态设计和优化网络结构，打破了传统基于所有权的静态管理方式，在此过程中创造并提取分散的网络价值（Hur-melinna-Laukkanen et al.，2022）。这种独特的动态特征使网络编排能够更加灵活、有效地应对复杂的全球创新网络环境。本节将全球创新网络的编排能力定义为枢纽企业在全球范围内，通过设计、管理和优化跨国创新网络，整合多样化的知识资源，协调各节点关系，并动态应对外部环境变化，以提升知识的获取、转移和创新能力，从而实现全球竞争优势的综合能力。网络编排能力包括管理知识流动性、管理创新独占性和管理网络稳定性（Dhanaraj and Parkhe，2006），其在全球创新网络中，是企业协调资源与关系的核心能力。

二、网络编排能力的中介作用

网络编排能力在全球创新网络韧性对企业国际竞争优势的影响过程中扮演着中介角色。全球创新网络的内外知识关联度显著影响了企业的网络编排能力。首先，内外知识关联度越高，焦点企业与国际创新伙伴之间的技术联系越紧密。知识在这些领域中的流动阻力减小（Agarwal et al.，2007），使得知识在网络中可以高效流动，增强了企业在网络中共享和交流知识的能力，从而提升了知识流动性的管理能力。其次，高内外知识关联度更有利于企业建立与国际创新伙伴之间的合作、联系（田丽娜等，2017），特别是在技术信息与研发成果的共享方面，由于企业在国内掌握相关技术，会在合作过程中拥有更多的主动权，更有利于形成密切合作。这种密切的合作改善了信息透明度，减少了决策过程中的误解与偏差，增强了合作伙伴间的信任与协同效应，使合作伙伴更容易达成共识（赵丙艳等，2015），并遵守约定的知识产权分配规则，从而有效管理创新独占性。最后，当内外知识关联度较高时，企业在技术上有更多的共同点（Jaffe et al.，1993），这促进了企业长期合作的倾向，降低了企业之间出现机会主义行为的可能性，减少了摩擦与冲突，从而有效维持了网络的稳定性（解学梅等，2024）。因此，内外知识关联度的提升在多个方面强化了企业的网络编排能力，有助于企业在复杂的技术网络中发挥更强的竞争优势。

与内外知识关联度类似，网络结构韧性同样对企业的网络编排能力产生了深远影响。首先，在紧密联系的网络中，信息和知识的传递效率显著提高，这减少了信息不对称和沟通障碍，从而促进了信息与知识的有效传播（徐露允等，2018）。因此，高网络结构韧性能够增强企业管理知识流动性的能力，使其能够更高效地获取和利用网络中的知识资源，并迅速响应市场变化和技术进步。其次，知识要素之间的紧密联系促使企业之间的合作更加频繁（刘宇等，2019）。这种紧密联系不仅促使各方在合作与交流中更加深入，还提高了信息透明度，减少了信息不对称现象，从而有助于建立并巩固各方之间的信任，为管理创新的独占性提供了保障。最后，网络结构韧性对网络稳定性也起到了关键作用。密集的网络连接意味着对知识的组合与开发更充分（Fleming，2001），掌握这些知识和技术的研发人员通过以往合作已培养了彼此间的信任和默契，这种关系不仅提升了合作的持续性和一致性，也有助于维持整个网络的稳定性。网络编排能力作为企业协调和整合资源的核心能力，对其国际竞争优势的形成和提升具有显著影响。首先，网络编排能力能够帮助企业更好地管理和协调全球创新网络，从而增强企业对市场机会的把握和利用。这种能力使企业能够在复杂多变的国际市场环境中迅速做出反应，及时调整战略以应对全球竞争压力，进而保持竞争优势（Dhanaraj and Parkhe，2006）。其次，网络编排能力能够促进企业的创新能力和技术升级，提升企业创新绩效（Nambisan and Sawhney，2011），从而进一步巩固企业的竞争优势。企业通过有效的网络编排，能够在面对全球市场的不确定性和挑战时，保持组织的稳定性，这种稳定性不仅体现在企业内部资源的高效整合上，也表现在企业与外部合作伙伴之间的协同效应上，从而在国际市场上形成独特的竞争优势（Busquets，2010）。最后，网络编排能力对企业的长期可持续发展至关重要。它不仅能够提升企业的创新绩效，还能够促进企业动态能力的发展，提高企业在网络中协调部署知识、资源等的效率，有助于企业更好地协调网络参与者之间的互动（Giudici et al.，2018）保持竞争优势。

为检验网络编排能力的作用机制，本书选取专利被引用次数取自然对数测量知识流动性；参考应瑛等（2023）的研究测量创新独占性；参考一些学者的研究，以 1 与网络变化的差值测量网络稳定性。网络编排能力机制检验的分步回归结果见表 5-10。

表 5-10　　　　　网络编排能力机制检验的分步回归结果

变　　量	知识流动性		创新独占性		网络稳定性	
	(1)	(2)	(3)	(4)	(5)	(6)
内外知识关联度×组别×时间（Tech×Group×Time）	3.111 *** (0.994)	—	—	—	—	—
网络结构韧性×组别×时间（NSR×Group×Time）	—	2.614 ** (1.041)	—	—	—	—
内外知识关联度×组别×时间（Tech×Group×Time）	—	—	1.936 (1.341)	—	—	—
网络结构韧性×组别×时间（NSR×Group×Time）	—	—	—	11.720 ** (5.764)	—	—
内外知识关联度×组别×时间（Tech×Group×Time）	—	—	—	—	0.024 (0.190)	—

续表

变　量	知识流动性		创新独占性		网络稳定性	
	(1)	(2)	(3)	(4)	(5)	(6)
网络结构韧性×组别×时间 (NSR × Group × Time)	—	—	—	—	—	0.343* (0.198)
控制变量	Yes	Yes	Yes	Yes	Yes	Yes
年份	Yes	Yes	Yes	Yes	Yes	Yes
企业固定效应	Yes	Yes	Yes	Yes	Yes	Yes
R^2	0.351	0.242	0.094	0.112	0.043	0.030

注：括号内为企业层面的稳健标准误；***、**、*分别表示在1%、5%、10%的水平上显著。

从结果来看，第（1）列的系数为3.111，在1%水平上显著，表明内外知识关联度提升了知识流动性，提升了企业国际竞争优势；第（2）列系数为2.614，在5%水平上显著，表明网络结构韧性提升了知识流动性，提升了企业国际竞争优势；第（4）列系数为11.720，在5%水平上显著，表明网络结构韧性提升了创新独占性，提升了企业国际竞争优势；第（6）列系数为0.343，在10%水平上显著，表明网络结构韧性提升了网络稳定性，提升了企业国际竞争优势。

第六章 数智时代数字创新的全球网络效应与国际渗透速度

数智技术改变了原有产品的基本形态、新产品生产过程的方式、商业模式和组织形态，数字创新在全球虚拟空间快速实现国际渗透，超越了传统企业国际化与企业国际竞争优势的理论界限。第三、第四、第五章关注中国智能制造企业的创新网络韧性构建，本章重点关注数智时代的数字创新在虚拟空间国际渗透中的全球网络效应，从直接网络效应与间接网络效应出发，探索其突破多维国际距离提升国际竞争优势的重要机理与实证依据。

第一节 数智时代数字创新国际渗透模式的重要变革

数字技术的崛起为跨国企业带来了全新的机遇与挑战，在这个强调跨国协作、全面协同的时代，数字技术、数字创新为经济发展带来了新的模式与路径，并为经济发展注入了活力和创新力。同时，正因为技术的变革式创新，有越来越多的数字型企业，立足于国际视野，快速发展并实现了海外市场的开拓。

一、数字产品与数字创新

在过去的几十年里，全球化的一个主要特征就是数字化，以数字技术为核心要素的数字创新引起了学界的广泛关注。有学者认为，数字产品基本上由通过数字渠道（互联网）共享的数据组成。数字化公司的国际化和数字创新完全是通过虚拟市场实现的。谢卫红等（2020）认为数字创新是指不同主体通过对数字化资源进行重组的活动。

根据现有研究和数字产品展现出的不同形态,可以进一步对数字创新进行细分。(1)数字技术创新,即在数字领域不断发展的同时所诞生的新兴技术,如大数据、区块链等技术,驱动数字领域高速创新发展。(2)数字化嵌入式创新,即将数字技术与传统物理元器件组合所形成的创新性数字产品,使得传统产品具有新的发展活力,向数字化、智能化方向演进(如机器人和智能车等具有物理性质的产品)。(3)数字服务创新,即基于数字平台或数字网络,满足用户需求并依赖平台实现传播与价值创造,表现为完全数字化、虚拟化的产品(如移动应用程序和软件)。

在本章中,我们将重点放在第三种类型的数字创新上,关注应用软件的数字化渗透情况。

二、国际渗透与多维国际距离

现有研究多把数字产品、数字企业的国际渗透(international penetration)定义为其是否拥有一定的用户规模和影响力。国际上有些学者认为国际渗透是指一个数字平台企业的数字产品(即应用程序)在母国以外的东道国拥有的实际用户数量。还有学者认为大多数数字创新从诞生起就可以在全球范围内立刻获得,因此传统的国际化衡量指标,如是否设立海外业务、出口量、并购情况等,可能无法有效反映数字创新的国际化;一个数字产品要想获得更高的知名度和更多的用户,需要让用户接纳并使用,同时在用户中具有一定的影响力和声誉。在这样的背景下,将国际渗透定义为在目标国家达到较大的用户规模并具有一定网络效应是一个更合适的衡量标准,因为它不仅衡量数字创新的可用性,还衡量其在目标市场的被接纳程度。

在传统意义上,已有研究将国际化概念定义为一个渐进的过程。有学者第一次提出跨国距离,并且认为这不单单是实体上的距离,而是包含文化、行政、地理和经济距离四个方面,对跨国企业的进入模式有较大的影响力,并认为跨国距离带来的成本与壁垒往往被低估。这一理论为企业国际化的研究提供了更广阔的视野,包含不同国家的双边属性以及单边属性并实现定量分析,更好地结合了贸易、资本、信息和人类行为模式。虽然网络的作用可以连接世界范围内的用户,但是各种距离仍会对不同的行业领域造成影响，因而在跨国企业进行全球化进程时，需要考虑距离的影响。

从传统的多维距离所提到的四个方面来看，文化距离是衡量国家之间文化价值观差异的一种手段，文化差异来源于宗教信仰、种族、社会习惯等方面。行政距离包括殖民地关系、语言、宗教和法律制度的差异。地理距离反映了国家之间的大圆物理距离。经济距离是指收入（人均国内生产总值）、通货膨胀和对外贸易等关键经济指标的差异，反映了各国人民在价值观、偏好、购买力和对外国商品接受程度方面的差异。

三、数字创新的全球网络效应

数字平台为单个用户创造的价值随着用户总数的增加而增加，展现出其网络效应的作用所在。网络外部性有两种基本形式：直接网络外部性和间接网络外部性。当用户参与网络的好处取决于他们可以与之互动的其他网络用户的数量时，就会出现直接的网络外部性。电话网络就是一个典型的例子：拥有电话的人越多，对用户来说，电话接入就越有价值。在许多平台上都可以观察到直接的网络外部性，比如消息服务或在线社交平台。在这些情景下，用户数量的增加使用户之间交流连接的潜在可能提升，平台对个人用户来说变得更有价值。

相比之下，当不断增长的用户群体通过吸引使用其互补品或服务的用户来增加平台对用户的价值时，就会产生间接的网络外部性。例如，软件用户会关心购买配套硬件的用户数量，因为要购买的软件的数量和种类将是已售出硬件数量的增加函数。软件应用程序的生产商将被特定类型的硬件或特定的操作系统（如 Android 或 Windows）吸引，硬件的用户数量越大，软件应用就越有可能被更多的用户采纳。类似地，视频创作者可能会选择有大量用户的平台发布视频，游戏玩家喜欢加入拥有大量用户群的游戏并产生互动。

四、中国企业数字创新的国际渗透道路

近几年，中国数字经济高速发展，中国信息通信研究院发布的《中国数字经济发展白皮书》显示，数字经济在逆势中加速腾飞。2020 年我国数字经济规模达到 39.2 万亿元，较上年增加 3.3 万亿元，占国内生产总值

（Gross Domestic Product，GDP）的比重为 38.6%，占比同比提升 2.4 个百分点，有效支撑了疫情影响带来的经济波动，保障我国经济平稳发展，由此足以见得发展数字技术，开拓数字创新对我国经济的重要性。①

然而，我国数字型企业的发展并不是一帆风顺的，这类企业由于带有信息安全敏感性与技术机密性的特点，在出海时不免受到严格的审查甚至是无端的猜忌。以字节跳动国际化为例，② 2020 年疫情席卷全球，抖音国际版（TikTok）下载量激增，包括美国、印度在内的很多国家以内容低龄、消极等原因对其进行封杀。面对构陷，字节跳动最终以上缴罚款和代码开源的形式反击质疑。数字化虚拟社区拓展了用户个体身份，满足了人们对娱乐、归属感和自我展现的需求，但也带来了很多问题，尤其是在不同的海外市场，文化、政治、经济等因素的差异会带来多元的市场反馈。这要求企业在国际化过程中要了解多维距离对数字创新国际渗透的作用机制，并对不同类型的利益相关者（如消费者、平台、当地政府等）给予相应的重视。

TikTok 这样的案例并不在少数，在数字经济的当下，数字型企业已经具有突破地域封锁的能力。数字产品、数字创新的国际化已经与传统的跨国企业不同，不一定需要通过跨国并购、设立海外子公司来实现，而是可以通过搭载在互联网中的在线平台实现渗透与传播，传统理论中的"进入壁垒"已不复存在。数字创新是否渗透成功更多在于用户是否认可并接受，即"用户使用壁垒"成为数字创新中值得考虑的因素，同时，其他对传统跨国企业有着显著影响的因素对这类数字型企业的适用性也需要重新衡量。

此外，在传统的国际贸易理论中，强调国际生产折中理论，即 OLI 范式③对跨国公司战略选择的重要性，并且认为国际化是一个渐进的过程，需要企业进行慎重的战略选择，并逐步形成网络效应。但如移动应用、人工智能等带有数字技术特色的产品，似乎具有生而全球化的特性，用户可

---

① 中国信通院. 2021 年中国数字经济发展白皮书. https://m.thepaper.cn/newsDetail_forward_12413514.

② 韩亚栋. 美国陷阱背后——抖音海外版 TikTok 为何遭遇美国政商界联手封杀 [EB/OL]. 中央纪委国家监委网站，https://www.ccdi.gov.cn/toutiao/202008/t20200805_223266.html.

③ O 代表所有权优势，Ownership；L 代表区位优势，Location；I 代表内部化优势，Internalization。

以迅速通过互联网平台获取产品并实现交互，从而迅速形成网络效应并吸引更多用户使用，实现用户与产品的价值共创。

在数字经济迅速发展的现在，需要关注数字产品、数字创新并进行研究。对数字产品迅速实现国际化并在国际范围内触达大量用户这一现象而言，传统的理论已经不足以完全解释现实现象，需要进一步探索数字创新的国际渗透受哪些因素的影响并为传统理论赋予新的拓展方向。

第二节　数字创新的全球网络效应克服多维国际化障碍

一、数字创新的国际渗透

传统意义的国际化被定义为通过建立子公司或通过出口逐步进入国外市场的过程。跨国差异对初创企业国际化的挑战尤其大，比如各国间的多维距离（cultural, administrative, geographic and economic，CAGE），它增加了外国市场进入的成本和风险，阻碍了许多公司的国际化进程。本章主要以速度为代表研究国际循环依存度。速度是国际化过程中最重要的维度，反映了其动态特征，并在解释国际化进程的研究中占据重要位置。

国际化已经被认为是企业进入国外市场的渐进式过程，并且受到跨国差异的阻碍。"生而全球化"（Born globals）是乌普萨拉（Uppsala）国际化模型中的一个异常现象，它被定义为企业组织在成立之初或成立后不久，运用知识、信息、技术资源在多个国家销售产品，从而快速实现国际化。先前的研究发现，具有"生而全球化"特性的产品能够迅速进入外国市场，因为他们拥有先进的技术和较高的国际采纳度。数字公司和数字创新的国际化仅通过虚拟市场实现。数字创新具有生而全球化的现象，它与世界各地市场的联系几乎是即时的。

传统的进入壁垒可能不会阻碍提供数字创新及数字产品的企业。数字产品可以嵌入全球可访问的在线平台，这些平台通过建立全球可用的支付机制并培养企业与用户之间的信任的方式，内化了许多国际化障碍。与这些平台合作使数字创新从一开始就可以在全球范围内使用，进入外国市场几乎没有障碍，衡量企业国际化速度及阻碍的传统方法在数字环境可能不适用。有学者提出，数字世界的国际化速度可以通过在外国市场渗透的速度来衡量，在国外市场成功渗透的标志为该国拥有足够数量的用户使用该项数字产品。这种衡量方法认为，数字创新通过基于用户的使用扩散渗透到各国，而不是由企业主导的国外市场选择，企业的进入战略发挥的作用减弱。

根据现有的研究，数字创新与大多数传统产品一样，拥有各种文化、美学和价值观元素，吸引有特定需求、品位和偏好的用户。由于各国用户对数字产品的偏好差异很大，数字创新的渗透程度也可能因数字创新的属性与特定国家用户偏好之间的匹配而有所不同。这些差异深深根植于民族文化之中，仅仅通过提供东道国的语言或调整应用价格来解决这些使用壁垒可能是不够的。从这个层面上说，尽管数字创新进入东道国网络空间的门槛较低，但跨国距离仍可能成为用户接受数字创新的障碍。

有些学者通过 2014 年 58 个国家的应用程序的下载数据构建了虚拟距离的新概念，并且同时考虑 CAGE 因素，研究多维距离对数字渗透创新的影响，发现虚拟距离存在显著性影响。我们参考以上学者思路，引入 CAGE（即文化距离、行政距离、地理距离、经济距离）对虚拟距离进行定义和测度，并且将各东道国和母国之间网络效应的差异纳入考虑，希望探索出数字经济下企业国际化的影响因素。

二、数字创新的全球网络效应与虚拟距离的克服机制

数字技术迅速发展使产品和服务深度融合，数字产品国际化进程已经超越了传统国际化理论的边界。数字技术的运用从根本上改变了企业开展业务和与消费者互动的方式。移动应用程序（Application，APP）作为完全数字化的产品，正朝着功能增强、多渠道化和定制化的方向发展，近年来涌现出不少优秀的移动应用软件，这些软件在应用商店一经发布，便迅速吸引庞大的用户群体并风靡一时。然而，现有研究对数字产品国际化，特别是移动应用国际化的关注十分有限。

现有研究认为，数字化创新不再遵循渐进式的国际化模式，而是可以快速、直接地与网络中的利益相关者建立联系，与用户共享，实现快速创新和价值共创。在 21 世纪初有关传统跨国公司国际化方式与战略的研究中，主流观点认为全球化是一种不可阻挡的力量，因此公司的国际扩张不会受到国界的影响。然而，有学者表达了另一种观点，各国间的多维距离

（CAGE），即文化距离、行政距离、地理距离和经济距离，仍然与跨国公司国际扩张有关，而且它们所带来的成本和挑战常常被低估（Ghemawat, 2001）。因而，我们提出第一个问题：多维距离是否仍会影响数字创新的国际化呢？

一些研究表明，互联网平台通过提供国内外市场信息、提供在线跨境支付渠道以及在供应商和用户之间建立信任等方式，将数字产品国际渗透的障碍内部化。这使得数字产品在全球范围内立即可得，进入外国市场几乎没有跨国距离所造成的障碍。虽然数字技术本身并不受地理位置的限制，但作为数字创新产品的一部分，它们可能会面临来自政府的法律限制和用户价值主张、文化观念差异所形成的壁垒。有学者将研究重点聚焦在国际渗透速度和CAGE之间，并提出这种距离导致了用户使用的壁垒，而不是传统的市场进入壁垒（Shaheer and Li, 2020）。然而，CAGE距离侧重于母国与东道国之间的物理距离，但数字创新存在于一个虚拟的空间，借助数字技术形成新的产品形态并依靠平台网络这样的虚拟平台进行传播、交易，因此，需要拓展传统的多维距离模型，对虚拟距离进行测度并研究其对数字产品国际渗透速度的影响，从而形成更完整的、针对数字产品的多维距离CAGEV（文化、行政、地理、经济和虚拟距离）。因而，我们提出第二个问题：衡量一国数字发展水平及数字鸿沟的虚拟距离是否对数字产品国际化有显著影响？影响的作用机制是怎样的？

同时，数字创新型产品需要开发商、用户、平台进行交互并实现价值共创。数字创新产品所嵌入的平台不仅仅是一个单边或是双边的系统，更是吸引着世界范围内的开发商、用户、管理者共同维护创造的、数字环境下的复杂生态系统。就移动应用这一类数字产品而言，与独立闭环的系统不同，软件平台和操作系统为在其上运行的应用程序提供核心功能，基于其技术架构，平台通过吸引大量能够创造互补价值的第三方应用程序来扩展产品边界。软件平台通过发布开发指南，并为第三方应用程序提供标准开发和测试工具包及相应应用程序编程接口（Application Programming Interface, API），从而实现平台和应用程序之间的良好交互与嵌入。因而，基于数字产品的特性，需要从开发商、用户、平台网络的角度，从直接、间接的网络效应入手，评估多层次网络效应对数字创新渗透速度的调节作用，由此提出第三个问题：网络效应能否积极调节数字创新渗透速度，以及直接、间接、多边的网络效应如何作用并影响企业选择进入或退出国外市场的战略决策？

第三节 数字创新全球网络提升国际渗透速度的理论机理

一、跨国距离对数字产品国际化的影响

尽管在数字平台上，数字产品可以在全球范围内获取和访问，但它们的国际渗透速度可能仍受传统跨国距离的影响。

首先，由于数字企业可能对本国用户行为和偏好更加熟悉，它们的数字产品可能会密切匹配本国用户的需求，数字产品会快速在本国或具有类似用户偏好的国家渗透。然而，如部分学者所提出的观点，地理距离的增加可能会导致本国和东道国市场在用户需求与偏好上的更大差异。因此，随着地理距离的增加，在母国背景下开发的数字产品可能会不容易被其他国家用户所接受，甚至产生理解和观点上的冲突。

其次，CAGE距离可能会降低数字产品的国际化速度，增加数字产品的价值向海外用户传播的难度。正如一些学者所指出的，市场传播是一个特定的、与文化相关的过程，简单地将产品描述或促销信息翻译成外语是不够的，因为不同国家的用户可能会误解信息的内容。因此，海外用户可能会误解数字产品的预期价值主张。

最后，数字产品的一些独特特征可能会进一步减缓数字创新在其他国家的渗透。更熟悉当地用户需求的公司将具有更大的信息优势，因为大多数数字产品都没有专利，东道国的初创企业可以通过复制国外成功的数字创新产品，并根据当地的文化和语言习惯对其进行修改，从而利用其信息优势，使本国用户更愿意使用符合自身文化习惯和价值观念的产品。这将对国外数字产品渗透造成阻碍。

二、跨国距离对数字产品国际化的影响

在过去的几十年里，许多专家学者试图量化各种行业网络效应的强度，网络效应对平台和市场表现的影响已经成为经济学中一个成熟的研究

方向。网络外部性可以为拥有庞大用户网络的平台提供竞争优势，并促使它们获得主导市场份额。对于新诞生的数字创新/数字平台，网络外部性（无论是直接网络效应还是间接网络效应）会导致"鸡和蛋"问题。只有拥有强大的用户群后才能创造价值并进一步吸引潜在用户（例如，油管（YouTube）只有在上传了大量视频后才能吸引观众），但另一方面，博主会选择有大量观众的平台上传视频。如果这类数字型企业成功获得最初的市场份额，他们即将面临用户的流失和留存问题，并需要与竞争对手抢夺用户来扩大自身影响，因为网络规模增长将进一步扩大其竞争优势。在其他条件相同的情况下，拥有更大用户群的平台为每个用户创造了更多价值，这反过来又吸引了更多用户使用该平台。这种正反馈循环可以将网络规模早期的短暂领先转化为持久的竞争优势。强大的网络外部性甚至可能导致市场向领先企业倾斜，从而产生赢家通吃的结果，拥有庞大用户群的平台有能力将其竞争对手赶出市场。

一些学者认为修正后的乌普萨拉模型忽略了需求侧用户网络的作用，并通过实证的方法从用户网络的角度考量全球安装基础的影响，但是，基于平台的服务最重要的特征之一是直接和间接网络效应的作用、强度，因而对数字创新而言，还需要进一步考虑间接网络的作用。

在平台及双边市场发展的当下，间接网络效应也受到了大量学者的关注与研究。针对电子游戏的网络效应，部分学者使用世嘉公司（Sega）和任天堂家用电子游戏系统销售的月度时间序列数据与需求结构模型来量化直接和间接网络效应的强度。还有学者估计了两个等式（硬件需求和软件供应），目的是测量影响竞争和不兼容硬件平台用户的间接网络效应的程度。一些学者从用户的角度出发，使用面板数据集估计了2000~2005年消费者对电子游戏硬件和软件需求的动态结构模型，该模型将消费者偏好和电子游戏质量的互生性结合起来。除实证研究外，其他学者以大型多人在线角色扮演游戏（Massively Multiplayer Online Role-Playing Game，MMORPG）为研究对象，针对业内从业者及用户进行问卷调研，并从网络效应的结构入手进行研究（KeRong et al., 2018）。然而，在数字创新研究这一领域，还没有以实证的方式探讨关键利益相关者（如客户、设备和开发商）之间的直接和间接网络效应，及综合考虑国家层面和市场层面的特征。

本章将进一步讨论传统多维距离如何影响数字创新的渗透速度，针对数字创新的特性引入对虚拟距离的度量，通过区分国家层面的网络效应（国内网络外部性）和不同地域层面的网络效应（跨国网络外部性）以及用户、开发商维度的网络效应，扩展直接和间接网络外部性的现有类型。

三、CAGEV 距离对数字产品国际化的影响分析

本章将分别讨论不同的 CAGE 距离对数字创新国际渗透的影响，而不是将其视为同质的。一些距离不再是数字创新国际化的障碍，而另一些距离则通过新的作用机制影响数字产品的国际化。

国家间的地理距离包括国家大小和地理位置的差异，这样的差异造成了交通和地理连接方面的困难。对价值重量比较低或易碎易腐烂的产品（如玻璃、水果和蔬菜）而言，地理距离是商品出口时考虑的关键因素之一，而数字化创新存在于虚拟空间中，其国际化不需要任何实体产品的跨境运输。因此，许多学者认为，在数字环境中，地理距离的重要性正在逐渐减弱。与此同时，全球可访问的数字平台及其生态系统的崛起，为来自不同国家的不同类型的参与者提供了平等的进入权利，使合作和交易更加开放和灵活，不受地理距离和行业边界的阻碍。

行政距离侧重于殖民关系以及东道国与母国之间的宗教和法律制度的相似性。相类似的贸易传统及法律环境往往可以为贸易带来便利，并可能减少贸易保护主义措施，如征收贸易关税和配额等。数字创新存储在云中，不需要任何实体资产和产品的跨境转移。因此，传统的保护主义措施无法影响数字创新的国际渗透。特别是，数字创新产品一旦上线，就很难限制其跨境下载和安装行为。数字创新的使用可能不受地理和行政边界的阻碍或限制，而用户对数字产品的供应商和原产国的敏感性较低。例如，当用户从苹果商店下载游戏应用时，页面不会显示供应商的国家信息，而这些信息对国外用户选择是否下载该应用的决策不会有什么影响。数字企业具有"学习新事物的优势"，通过"干中学"来弥补知识积累的不足，以适应不断变化的数字业务和各国的业务规则。同时，跨国平台的存在可以帮助数字创新产品更好地满足东道国的行政要求。数字创新让人们意识到，行政法规是市场进入的结果，而不是条件，即行政法规是在数字产

品实现市场进入后被倒逼发展完善的。例如，TikTok 在美国流行后，才受到了有关国家安全的审查，而在登录应用平台时并没有相关机构提出任何问题。

国际上一些学者发现，文化和经济距离在很大程度上决定了本国和东道国用户在数字创新产品方面的偏好相似性或差异。文化距离包括规范、语言和传统，并强烈影响文化产品的出口，文化距离将导致国内市场中的数字产品与东道国用户的需求和偏好有巨大差异。经济距离，指的是收入和资源可用性上的差异，收入水平的差异可能影响用户对产品的需求。文化与经济距离的差异导致外国用户甚至可能无法理解附加在数字产品上的价值主张。与此同时，数字公司还面临着这样的风险：数字产品具有可模仿性强、模仿成本低于创新成本的特点，本土的开发商会复制他们的创新，并利用信息优势对其进行修改完善，以更好地适应本地用户的偏好和需求。

基于以上讨论，提出假设 6-1。

假设 6-1：文化距离、经济距离减缓了数字产品在目标国家的渗透速度，而行政距离和地理距离的阻碍作用不再显著。

虚拟距离用来衡量母国和东道国之间在用户访问和数字基础设施提供质量方面存在的差异。数字创新产品质量强烈依赖于国家的数字基础设施，包括光纤、4G 或 5G 覆盖、国际互联网带宽、互联网数据路由、移动通信、通信卫星、网络基础设施、数据中心等，以及政府和私营部门的投资。随着宽带网络基础设施在全球范围内逐渐建立起来，在接入网络技术及硬件设备方面（例如传播延迟或低传输速度）所造成的用户体验的损伤，不再是全球游戏社区的障碍。然而，除了用户体验之外，国家层面的数字基础设施对国内企业竞争力至关重要，影响企业在数字创新竞争中的成本、速度、安全性等方面。城市和农村地区以及发达国家和发展中国家之间数字技术基础设施的差距限制了数字化的普及。同时，东道国数字基础设施薄弱成为数字企业国际化发展的重要瓶颈。因此，两国之间巨大的虚拟距离反映了两国数字产业和数字创新竞争力的巨大差异。这有可能导致在数字基础设施薄弱的国家，客户更愿意采用来自数字发展强劲国家的数字创新，因为这些国家的数字创新被认为是高质量、安全且优于国内数字创新的。

基于以上讨论，提出假设6-2。

假设6-2：虚拟距离减缓了数字产品在目标国家的渗透速度。

四、多层次网络效应对数字产品国际化的调节作用

近年来，网络效应在内部化理论中的作用不断演变。一些学者在对数字型企业国际化的分析中，从理论上借鉴了梅特卡夫定律，认为网络在其中发挥着不可忽视的作用。部分学者提出，由于数字化的原因，网络优势和公司特有优势对地理位置和其他因素产生的阻碍有着不同的影响。实证研究表明，仅靠网络效应不足以保持企业所提供的数字化平台在市场中的领先地位，还需要具备难以复制的产品和忠实的客户群等因素，进而构建竞争壁垒，也就是说互联网产品的部分价值还源自产品的质量并形成增强网络效应的驱动因素。

本书观点认为，文化距离和经济距离造成的用户接受障碍源于两个方面。首先，识别目标用户和理解他们的偏好变得更加困难；其次，经济因素所导致的硬件设备差异进一步影响用户对数字产品的选择。数字化企业的国际化往往需要大量已有用户的传播和新用户的加入。当"加入网络对用户的好处取决于他们可以互动的其他网络用户的数量"时，用户网络效应就会产生。数字创新的现有用户可能与来自不同国家的潜在用户相连接。用户将会在当地社交媒体上以具有文化影响力的方式描绘和宣传数字产品，并面向全球的社交平台用户提供有关该数字产品的信息，这些行为像滚雪球一样，加速了数字产品的国际渗透。同时，游戏公司也会有意提供一些专有活动和社区交流，以便于用户参与新产品的设计、开发和推广。数字产品的价值由开发商、平台与用户共创，良好的交流消除了信息不对称性并形成了涡轮效应，吸引越来越多的新用户加入。

虚拟距离造成的数字产品国际化障碍主要原因在于：数字化发展程度高的国家的数字创新优势和能力的可转移性受到限制，而数字化程度低的国家创新能力与模仿力不足。与全球用户基础相关的网络效应推动了数字创新快速国际扩张。源于数字化高度发达国家的数字化创新网络效应越强，数字化发展水平较低国家的用户对其竞争力和创新质量的感知越强。数字创新的特征包括市场进入后实施的迭代和版本更新。全球大量的用户

下载和评论反馈为开发者提供了提高产品在不同市场的兼容性所需的相关信息，并成为开发者不断迭代更新的动力源泉。全球用户的客观下载量和关键意见领袖（key opinion leader，KOL）的主观评价比数字产品本身的任何营销活动都更有说服力和可信度。用户所感知到的数字产品质量，一方面与产品本身的客观质量相联系，另一方面与用户可实现的交互水平相联系，同其他用户一起实现价值共创。因此，基于庞大用户网络效应的数字产品在某种程度上能够提升用户满意度，从而提高数字化创新竞争力和国际化速度。

此外，不断增长的用户群体通过吸引其他用户来增加平台对用户的价值时，就会产生间接的网络外部性。基于平台的服务最重要的特征之一是直接和间接网络效应的作用、强度。对于本书所研究的数字创新种类——移动应用程序而言，需要基于硬件设备（如华为、苹果等各个品牌手机）和操作系统（如 Android、iOS）来为多个国家甚至全球的用户提供服务。加入这样一个平台的用户可以从其现有的全球用户中获益并刺激互补产品的生产，产生间接的网络外部性，从而需要补充平台网络效应所导致的间接网络效应。一些学者以 MMORPG 类游戏为研究对象，认为该类游戏的用户社区、广告商和开发者也将进一步加强网络效应，因为他们的产品与游戏结合，可以增强整体用户体验，并可能导致更强的网络效应（Ke Rong et al.，2018）。本书希望能进一步将平台与开发者的网络效应同样纳入研究。

因而，对数字创新网络效应的研究需要综合考虑用户、开发商、平台等多个层面，提出以下假设。

假设 6-3：用户网络效应缓和了多维距离和数字创新国际化渗透速度之间的负向关系。

假设 6-4：平台网络效应缓和了多维距离和数字创新国际化渗透速度之间的负向关系。

假设 6-5：开发商网络效应缓和了多维距离和数字创新国际化渗透速度之间的负向关系。

本章的研究框架如图 6-1 所示。

图 6-1 研究框架

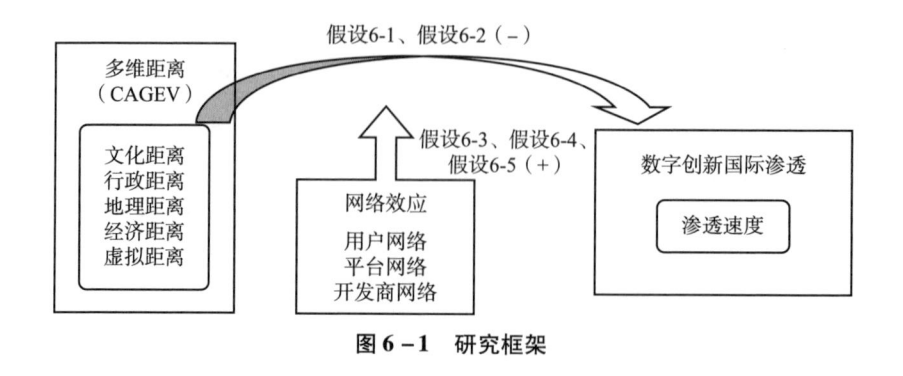

第四节 数字创新全球网络提升国际渗透速度的实证证据

一、样本选取与数据来源

数字创新的种类是多样化的，它包括从机器人和智能车等物理产品到完全数字化的产品，如移动应用程序和在线软件。自2008年苹果手机应用商店和谷歌应用商店问世以来，手机应用通过为用户提供数字服务创造价值，行业规模一直呈指数级增长。苹果在2016年全球开发者大会（Worldwide Developers Conference，WWDC）上宣布，苹果应用商店拥有200万款应用，累计下载量达1300亿次，收入超过500亿美元。[①] 考虑到针对应用程序而言，直接及间接网络将会发挥更大、更显著的作用，并且应用程序作为完全虚拟化、数字化的产品，更具有研究的代表意义。综合考虑，选择移动应用程序为研究对象。

由于之前的研究发现不同类型的应用之间存在很强的异质性，因此将样本限制在免费的游戏应用这一单一类别。游戏应用通过激发和维持不同用户之间的互动创造了价值，并且具有较弱的专家效应和明星效应。此外，免费的游戏应用也摆脱了产品定价带来的影响因素，更强调了非价格因素带来的市场进入壁垒。同时，考虑到苹果生态中具有"端到端"一体化的特性，即苹果手机用户只能通过苹果应用市场进行软件下载，且苹果

---

① WWDC 2016. 开发者人数有1 300万应用下载量达130亿［EB/OL］. https://m.techweb.com.cn/article/2016-06-14/2346312.shtml#.

应用市场仅为苹果设备提供软件下载服务，具有强闭环性和排他性，因此我们进一步选择苹果应用市场上的游戏应用进行研究，以便潜在地减轻这种异质性对我们结果的影响。

本章涉及的数据主要有三方面：（1）游戏应用相关数据，如评分、可下载的国家、开发商、内购项目数量等；（2）多维距离，即选定的样本国家之间的文化、行政、地理、经济、虚拟距离；（3）网络效应，包括用户、开发商、平台角度的多层次网络效应。

游戏应用相关数据可以通过数据爬虫和人工标注采集的方式，从 Sensor Tower 等应用数据供应商网站获取，收集游戏应用自 2018 年 1 月 1 日至 12 月 31 日在各个国家的表现情况，包括游戏应用的评分、语言数量和排名等核心数据。

对于多维距离而言，选取 43 个样本国家（见表 6-1），参考国外学者（Berry and Guillén，2010）提供的 CAGE 数据及计算方式，测度虚拟距离并整合出 CAGEV 数据。其中，虚拟距离的测度参考国际电信联盟发布的第 10 版信息通讯领域技术（Information and Communications Technology，ICT）发展指数（ICT Development Index，IDI），选取三个指标——移动蜂窝网络订阅数（每 100 人）、加密互联网服务器数量和使用互联网的个数占比，并利用 Python 来计算各国交互的马式距离，得到虚拟距离数据。

表 6-1　　　　　　　　　　43 个样本国家

1. 阿根廷	12. 丹麦	23. 日本	34. 韩国
2. 澳大利亚	13. 爱沙尼亚	24. 马来西亚	35. 俄罗斯
3. 比利时	14. 芬兰	25. 墨西哥	36. 新加坡
4. 巴西	15. 法国	26. 荷兰	37. 斯洛文尼亚
5. 保加利亚	16. 德国	27. 新西兰	38. 瑞典
6. 加拿大	17. 希腊	28. 挪威	39. 泰国
7. 智利	18. 匈牙利	29. 巴基斯坦	40. 土耳其
8. 中国	19. 印度	30. 秘鲁	41. 英国
9. 哥伦比亚	20. 印度尼西亚	31. 菲律宾	42. 美国
10. 克罗地亚	21. 爱尔兰	32. 波兰	43. 越南
11. 捷克共和国	22. 意大利	33. 葡萄牙	

就网络效应数据而言，首先采用 Sensor Tower 提供的评分来衡量直接的用户网络效应，该评分结合用户反馈的评论及应用在各国的知名度来综合测度。间接的网络效应采用苹果手机在各地区的销量来衡量，开发商的网络效应采用开发商截至数据采集时发布并依旧在线的应用程序数量进行测度。

通过对数据进行描述性统计，发现游戏应用的生命周期很短，能够在 150 天左右的时间内渗透到大多数国家。因此，选择收集 2018 年发行的游戏数据，在其发行后至少 12 个月追踪其整体国际化情况，这使得我们能够观察到相当完整的游戏生命周期。基本样本包括 102 款免费游戏应用在 43 个国家的表现，将数据与 CAGEV 变量相结合后，得到由 4 386 个观测数据组成的数据集。

二、主要变量定义与测量

因变量是应用实现国际渗透所需的时间（T），即一款应用自发行以来渗透到一个样本国家所花费的时间（单位：天）。在本章中，观测到了 4 386 个应用在样本国家的渗透事件。

什么是数字产品成功的国际化渗透？之前的研究将其定义为在一个重点国家拥有大量用户的产品。在现实生活中，一款应用一旦进入目标市场就可以立即被用户下载，但只有具备一定的用户规模和下载量，才能称得上成功渗透。本章使用 iOS 生态系统提供的信息来确定应用在一个样本国家是否成功渗透，苹果手机应用商店通常会根据下载量、关键词搜索次数等信息列出每个应用类别中排名前 150 名的应用。因此，可以认为"任何出现在某一国家前 150 名榜单上的免费游戏应用都具有一定的知名度和用户基础"，并以此作为数字渗透成功的标志。

此外，为了保证结果的稳健性，本书在后续的稳健性检验中改变了因变量类型，并代入比例风险（Cox）模型中进行处理。同时，将因变量变更为虚拟变量：如果应用程序在观察期间未能成功渗透，则记为 0，否则记为 1。在替换了模型进行稳健性检验的结果中，数据结果在各变量的显著性和实际意义方面与加速时间失效模型（Accelerated Failure Time Model，AFT model）结果是具有一致性的。

自变量为衡量跨国多维距离（CAGEV）的指标，即文化距离、行政距离、地理距离、经济距离和虚拟距离。CAGE 数据来源于相关研究提供的距离分数指标，这些指标包括文化、行政、地理和经济四个距离维度的二元国家比较分数（Berry and Guillén，2010）。文化和经济距离数据来自世界价值观调查（World Values Survey，WVS），行政和地理距离数据来自中央情报局的《世界概况》（CIA World Factbook）。

将虚拟距离概念作为衡量母国与东道国之间在用户访问和数字基础设施提供质量方面存在的跨国差异的指标。在测量虚拟距离方面，采用联合国国际电信联盟发布的第 10 版信息与通信技术（ICT）发展指数（IDI）中展示的指标，其中包括移动蜂窝网络订阅、加密的网络服务器数量和使用互联网的个人用户占比（占人口的百分比）等数据。这些指标通过长期的研究积累成为行业参考标准，被世界各国政府和部门广泛使用。其中，蜂窝网络订阅量是指在特定区域内，通过蜂窝移动通信技术接入运营商网络的终端设备（如手机、物联网设备等）所对应的有效服务订阅数量。安全互联网服务器是 Netcraft 安全服务器调查中发现的不同的、公开受信任的安全传输层协议（Transport Layer Security，TLS/Socket Secure Layer，SSL）证书数。互联网用户是指在过去 3 个月内（在任何地点）使用过互联网的个人，可以通过电脑、手机、个人数字助理、游戏机、数字电视等方式使用。

选择上述三个指标作为各国特征向量的维度，参考相关研究的计算方式，将国家之间的虚拟距离采用马氏距离（Mahalanobis Distance）的方式利用 Python 进行计算，得到虚拟距离数据（Berry and Guillén，2010）。马氏距离的模型可表示为模型（6-1）：

$$D_M = (x-y)^T Q^{-1} (x-y) \qquad (6-1)$$

其中，D_M 为所求两国间马氏距离，x、y 为代表两国数字发展水平所选取的三个指标构成的向量，Q 为多维随机变量的协方差矩阵。马氏距离同欧氏距离、曼哈顿距离、汉明距离等被用作评定数据之间的相似度指标，但可以应对高维线性分布的数据中各维度间非独立同分布的问题，修正了欧式距离中各个维度尺度不一致且相关的问题。

调节变量引入对直接网络效应和对间接网络效应的衡量。以下分别从用户网络、平台网络与开发商网络三方面说明。

1. 用户网络效应（User network）

通过数据统计平台 Sensor Tower 评分来衡量网络效应。Sensor Tower 是一家主要从事移动应用数据分析的公司。Sensor Tower 的应用评分是根据主观因素和客观因素相结合进行的，前者包括应用的感知质量、使用价值、用户向他人推荐的倾向等，后者与下载量有关。这使我们能够减少样本数据的主观性，并且全方位地展示了用户基数与用户活跃度。与一些学者使用全球安装量来反映网络效应相比，Seneor Tower 应用评分更全面地反映了现有安装基础和潜在的未来网络效应。全球用户网络效应评分高的应用更有可能发挥网络外部性，用户分享他们的观点和经验，并在社区中积极互动，从而形成价值共创。

2. 平台网络效应（Platform network）

数字产品依赖于平台进行传播和下载，平台网络的大小决定了数字产品用户规模的边界，也决定了用户是否有能力获得某项数字产品。平台对用户主要有两方面影响：一方面是平台网络内部的审核政策，可能会导致用户不能使用某款应用；另一方面是平台网络的大小，具有较大影响力的平台往往会提供更广泛的应用类别。平台网络内部政策的影响，往往较难量化衡量。例如，根据苹果应用商店相关的审查条例，一个以马克·菲奥里的政治漫画为蓝本开发的应用程序被拒绝在苹果应用商店中发布。该应用因攻击布什政府的虐囚政策而被认为违反了苹果应用中"不许诋毁他人"的禁令，因此，苹果用户不能够获得该款应用。这是平台政策导致的用户选择权利丧失，但平台政策因素较难衡量。此外，如果用户根本没有苹果设备，则获取不到任何一款苹果应用商店中的应用。因此，本书从平台网络规模的角度来衡量网络效应，而不考虑网络内部政策的影响；同时，基于数据的可测性，采用苹果手机在各地区的销量来衡量。

3. 开发商网络效应（Inventor network）

应用程序的生命历程为：由开发商开发→在应用平台发布→用户下载使用。因此，从应用生产到使用的全过程来看，有必要从开发者角度进一步衡量网络效应。具有较强知名度的开发商将会有一批高度认可其应用水平的用户，在新应用一经发布甚至是内测时便下载使用，因此开发商网络效应同样会影响一部分的用户选择和判断。开发商网络效应通过开发商截至 2018 年 12 月发布并持续在线的应用程序数量进行测度。该指标全面反映了开发商在市场中的存在广度与影响力，能够有效捕捉开发商网络的规模效应。

为保证研究结果的稳健性,本章从国家层面和应用程序层面两个角度来选择指标,以排除潜在干扰因素的影响,具体指标包括四种。

(1) 国家影响力 (Country clout)。在国家层面,选择国家影响力作为控制变量。参考相关研究 (Van Everdingen et al., 2009) 的研究,国家影响力评分综合考量了经济实力和社会联系等国家特征,包括经济财富、国际贸易和人口规模等要素。国家影响力反映了一个国家对其他国家的外部影响能力,较大的国家通常拥有更加多元化的人口结构,有利于产品和服务的市场进入。本章采用此变量来控制国家战略对跨国数字创新渗透的影响。

测度方法上,该控制变量采用应用程序新渗透到的样本国家的影响力数值。如果新进入的国家不止一个,则计算所有国家的平均影响力。若最近产品进入的国家具有较高的影响力,则可能进一步加强国际渗透速度。

(2) 内购项目 (Value added service)。内购项目数量为控制变量之一,具体数据为每个应用程序提供的付费项目数量。在本章的 102 个样本中,该变量的取值范围为 0 至 10。内购项目不仅是开发商获取利润的重要途径,还能提升用户体验,在一定程度上反映应用程序质量和用户付费意愿。

用户为获得更佳体验(如更炫目的特效、更流畅的操作等)通常愿意为增值服务付费,这反过来会增加用户的沉没成本,培养用户归属感,从而提高用户留存率和活跃度,最终影响应用程序的国际渗透能力。

(3) 语言数量 (Language)。已有研究表明,语言差异往往会阻碍企业的国际市场进入。因此,本章将应用程序支持的语言数量作为控制变量。例如,若某款游戏仅提供英文版本,则该变量值为 1;若同时提供中文和英文版本,则变量值为 2。

应用程序提供的语言数量对不同类型应用的影响程度存在差异。社交应用领域,以同一语言为母语的用户通常具有相似的生活方式和文化信仰,更易形成社群并进行交流,语言支持的多样性对其国际市场进入影响较大。因此,许多应用程序采用本土化策略,根据目标国家的语言和文化提供相应服务,例如,抖音以 TikTok 版本进入欧美市场,并提供符合当地用户习惯的配乐与内容。

相比之下，对游戏类应用，用户主要需掌握基本操作，对语言交流和文本理解的依赖相对较低。仅在需要玩家配合和组队的高级阶段，语言交流障碍才会显著影响用户体验。因此，对游戏软件而言，语言支持数量的影响相对较小，但仍是不可忽视的控制因素。

（4）用户评分（User rating）。控制变量还包括用户评分。在苹果应用商店中，用户评分直接反映了用户对应用程序质量的评价和满意度。值得注意的是，同一应用在不同国家的用户评分存在差异。在某些特定的样本国家，用户留下的评论数量明显较少或用户评分与其他国家有显著差异。

表6-2概括了本章涉及的主要变量及其测度方法。

表6-2　　　　　　　　　　变量设计

指标名		定义
因变量	渗透天数	在1年的观测期内，每款应用从发布到成功渗透到目标国家所用的天数
自变量	文化距离	测度不同国家文化价值观的差异（霍夫斯泰德，权力距离、不确定性的规避、个人主义、男性化）
	行政距离	衡量殖民地关系、语言、宗教和法律制度的差异
	地理距离	衡量国家地理中心之间的大圆距离
	经济距离	衡量国家间经济发展水平的差异（收入、通胀、进出口）
	虚拟距离	衡量国家间数字基础设施、网络用户规模间的差异（蜂窝网络接入用户数、加密服务器个数、互联网用户覆盖率）
调节变量	用户网络效应	反映应用质量及现有用户规模
	平台网络效应	衡量数字创新所依赖平台的网络影响
	开发商网络效应	反映开发商的规模及影响力
控制变量	国家影响力	每款应用在观察期内最新渗透到的国家的影响力（从经济财富、对外贸易和人口规模等方面测度经济实力与社会影响力）
	内购项目	每款应用所提供的内购项目数量
	语言种类	每款应用所支持的语言种类
	用户评分	苹果应用商店中的用户评分

三、模型建立

本书研究的目的是探索数字创新成功渗透到一个重点国家所需时间的

影响因素。因此使用加速失效时间模型（Accelerated Failure Time，AFT），该模型研究不同条件下特定事件发生与时间的关系是否存在差异，经常用于医学科学和宏观经济学领域。在该模型中，如果自变量的系数为正，则随着自变量的增大，数字创新渗透到目标国家的时间会变长。AFT 模型还可以对删失数据进行处理，即在我们的观察期结束前，应用程序还未渗透到某一重点市场，也存在一些应用没有在我们所观察到的国家发行的情况，在这些情况下，成功渗透的时长设置为 366 天。

AFT 模型是参数化的，本章使用 P 值和赤池信息量准则（Akaike information criterion，AIC）标准进行判断，选择拟合优度最高的模型。当 P 值均为 0 时，利用 AIC 信息准则比较模型的拟合优度，选择 AIC 最小的模型。AIC 准则的模型定义为模型（6-2）：

$$AIC = -2\ln L + 2(K+c) \qquad (6-2)$$

其中，lnL 为对数似然函数，K 为解释变量 x 的维数，c 为概率分布参数个数。

根据以上准则，假设一个服从伽马（Gamma）分布的风险函数，随机变量 X 为 α^{th} 事件发生的等待时间，密度函数为：

$$f(x, \beta, \alpha) = \frac{\beta^{\alpha}}{\Gamma(\alpha)} x^{\alpha-1} e^{-\beta x}, \quad x > 0$$

$$E(x) = \frac{\alpha}{\beta}, \quad Var(x) = \frac{\alpha}{\beta^2}$$

Gamma 分布适用于我们的研究背景，因为应用渗透率可能会随着观察时间而系统地变化，并随着应用的发布时间而单调地变化。

同时，AFT 模型为参数模型，为了避免设定数据分布形式所带来的结果误差，后续将设置因变量为一个虚拟变量：如果应用程序在观察期间未能达到渗透，则将其设为 0，否则为 1，代入数据利用 Cox 半参数模型进行稳健型检验，进一步放宽了对数据形式的要求对结果进行检验。

四、结果分析

数据相关性情况如表 6-3 所示，可以看出变量之间的相关性很小，这表明多重共线性对模型结果的影响较小，同时，方差膨胀因子的最大值为 1.234，远低于 10 的临界值，进一步排除了多重共线性问题。

表6-3 相关性检验结果

变量	(1)	(2)	(3)	(4)	(5)	(6)	(7)	(8)	(9)	(10)	(11)	(12)	(13)
(1) 渗透时长	1.000												
(2) 虚拟距离(v)	-0.085***	1.000											
(3) 文化距离(c)	0.029*	0.302***	1.000										
(4) 行政距离(a)	0.051***	0.014	0.257***	1.000									
(5) 地理距离(g)	-0.010	0.144***	0.080***	-0.073***	1.000								
(6) 经济距离(e)	0.039***	0.132***	-0.012	-0.026*	0.210***	1.000							
(7) 内购项目	-0.141***	-0.024*	0.016	-0.078***	0.053***	-0.012	1.000						
(8) 语言数量	-0.042***	-0.029*	0.031*	-0.007	0.015	-0.002	0.387***	1.000					
(9) 评分	-0.161***	0.074***	0.081***	-0.017	0.045***	-0.021	0.227***	0.152***	1.000				
(10) 国家影响力	0.108***	-0.026*	-0.012	0.018	-0.007	-0.064***	-0.089***	-0.115***	0.056***	1.000			
(11) 用户网络	-0.361***	0.084***	0.078***	-0.070***	0.038***	-0.003	0.496***	0.301***	0.415***	-0.129***	1.000		
(12) 平台网络	-0.243***	0.242***	0.067***	-0.105***	0.070***	0.081***	-0.071***	-0.082***	0.027*	-0.091***	0.145***	1.000	
(13) 开发商网络	-0.048***	-0.001	-0.142***	-0.216***	0.059***	0.009	0.000	0.000	0.000	0.000	0.000	0.000	1.000

注：***、**、* 分别表示在1%、5%、10%的水平上显著。

第六章　数智时代数字创新的全球网络效应与国际渗透速度

分三次引入用户网络效应、平台网络效应和开发商用户网络效应作为调节变量，得到以下结果。

将用户网络效应作为调节变量（见表 6-4），代入符合 Gamma 分布的 AFT 模型的结果。列（1）只包含控制变量。在列（2）中添加了 CAGEV 距离指标。在列（3）至列（8）中，将调节变量"用户网络效应"与 CAGEV 距离的每个指标进行交互。卡方（Wald Chi-Square）检验结果表明，模型拟合度在引入调节变量后的每个模型中都有所改善。

在列（1）中，内购项目和用户评分的系数显著为负，语言和国家影响力的系数显著为正。

至于本章的假设，列（2）的结果表明，文化距离 C（$\beta = 0.0246$，$p < 0.001$）和经济距离 E（$\beta = 0.0111$，$p < 0.01$）均呈显著正相关，即文化和经济距离越大，数字产品的国际化渗透时间越长、速度越慢，但是，地理距离和行政距离对渗透速度没有显著影响。这与以下观点一致：数字跨国公司进入外国市场的壁垒较低，因为数字市场和数字技术使实体边界变得无关紧要，它们能够在互联网的基础上建立业务并在全世界范围内发展。实证结果支持假设 6-1。虚拟距离系数为负（$\beta = 0.0111$，$p < 0.01$），与我们的假设相反，拒绝假设 6-2。结果表明，虚拟距离越大，数字产品国际化渗透越快。因此，针对假设 6-1 和假设 6-2，本章的结果表明，文化距离、经济距离、虚拟距离对数字产品的国际化渗透速度有着显著的影响，其中，虚拟距离推进了数字产品国际化进程，文化距离与虚拟距离则起到阻碍作用，并且地理距离与行政距离的影响不再显著。

此外，CAGE 框架中使用的传统行政距离 A 并没有考虑数字创新跨境运营的数据安全、隐私保护、不同的信息披露制度、内容审查制度等。大多数的情况为：当数字创新产品/数字型企业的市场进入事件对该国经济或本土数字型企业造成影响时，才会出现一系列行政法规加以制止。因此，本章认为，当下数字经济发展倒逼行政法规改革，因此这些新出台的有关数字经济的行政法规并不会立刻构成用户接受的障碍，而可能形成未来的"行政政策壁垒"。

列（4）、列（5）引入了用户网络效应与虚拟距离、文化距离之间的交互项，发现所有交互项的系数都显著为正。列（4）中，用户网络效应与虚拟距离的交互项的系数显著为正（$\beta = 0.0036$，$p < 0.001$），这意味着

用户网络效应正向调节虚拟距离与数字创新国际渗透速度之间的关系。列（5）中网络效应与文化距离的交互项的系数（β=0.000798，p<0.001）显著为正。列（8）中，网络效应与经济距离的交互项系数不显著，因此，假设6-3部分成立，即用户网络效应对虚拟距离、文化距离对数字产品国际渗透的阻碍有缓和作用，但对经济距离与地理距离形成的阻碍并没有调节作用。

用户网络对于虚拟距离和文化距离产生的调节作用可以从两个方面理解。首先，文化距离导致了用户接受障碍，即不同国家地区的用户由于文化背景的不同，对于同一数字产品的理解存在差异，因此可能会误解一款产品的价值主张和使用方法，而用户网络效应使得用户间可以交流沟通，分享观点，从而在一定程度上减弱了用户接受壁垒。其次，虚拟距离表现了不同国家数字经济发展程度，而数字基础设施发展较为落后国家的用户，可能在获取最新消息、及时获得数字产品方面具有一定难度，而用户网络效应的存在，使用户间的消息可以畅通分享，一定程度上解决了这种因数字基础设施差异而导致的信息差异，消除了各国用户间的信息不对称性。结果如表6-4所示。

将平台网络效应作为调节变量（见表6-5）代入符合Gamma分布的AFT模型的结果。由列（9）可得，平台网络效应本身对数字产品国际渗透不具有显著影响。列（10）至列（14）分别引入了平台网络效应与自变量的交互项，并没有得到十分显著的结果。据此可得，平台网络效应不能显著缓和多维距离和数字创新国际化渗透速度之间的负向关系，拒绝假设6-4。

平台网络效应对模型的影响并不显著，一些学者的研究结果可以进一步解释平台网络效应不显著这一结果。研究发现，在发达国家，数字经济发展较早，而近年来，中国、印度等发展中国家平台经济迅速发展，反而超越了一些发达国家，显示出后发优势。这也表明，平台网络发展在不同国别、地区之间有着很强的异质性，平台网络的大小某种程度上与该国经济实力、文化背景不相关；同时，用户是否接受某一数字产品，更多取决于用户自身的意愿，而与该平台的网络大小或服务水平无关，即使所依赖的平台具有较强的网络效应，是否采用该项数字创新依旧取决于用户自身的选择。

第六章　数智时代数字创新的全球网络效应与国际渗透速度　107

表6-4　模型结果1——用户网络效应作为调节变量

变　　量	(1)	(2)	(3)	(4)	(5)	(6)	(7)	(8)
内购项目	-0.0741***	-0.0737***	0.000702	0.000352	-0.00223	0.000139	0.000141	0.000598
语言数量	0.0214***	0.0207***	0.0234***	0.0259***	0.0242***	0.0232***	0.0234***	0.0235***
评分	-0.162***	-0.172***	-0.0680	-0.0243	-0.0563	-0.0689	-0.0657	-0.0678
国家影响力	0.416***	0.412***	0.219***	0.254***	0.235***	0.221***	0.225***	0.219***
虚拟距离(v)	—	-0.0439**	-0.0622***	-0.304***	-0.06***	-0.062***	-0.0622***	-0.062***
文化距离(c)	—	0.0246***	0.0299***	0.0307***	-0.0249	0.0300***	0.0302***	0.0299***
行政距离(a)	—	-0.000219	-0.000292	-0.000691	-0.00032	0.00232	-0.000346	-0.000291
地理距离(g)	—	-0.0000006	-0.000000	-0.000002	-0.000001	-0.000002	-0.000045*	-0.000002
经济距离(e)	—	0.0111**	0.00998***	0.0102**	0.0101**	0.00991**	0.0103**	0.00867
开发商网络效应	—	—	-0.0229***	-0.0334***	-0.0315***	-0.020***	-0.0279***	-0.023***
开发商网络效应×虚拟距离(inventor×v)	—	—	—	0.00360***	—	—	—	—
开发商网络效应×文化距离(inventor×c)	—	—	—	—	0.0008***	—	—	—
开发商网络效应×行政距离(inventor×a)	—	—	—	—	—	-0.0000405	—	—
开发商网络效应×地理距离(inventor×g)	—	—	—	—	—	—	0.0000006**	—
开发商网络效应×经济距离(inventor×e)	—	—	—	—	—	—	—	0.0000209
常数项	4.330***	4.190***	5.765***	6.124***	6.227***	5.591***	6.072***	5.775***
误差项的标准差的对数(lnsigma)	0.761***	0.758***	0.670***	0.684***	0.680***	0.670***	0.670***	0.670***
卡帕系数	-0.626***	-0.573***	0.219*	0.104	0.151	0.217*	0.212*	0.219*
样本量	4 386	4 386	4 386	4 386	4 386	4 386	4 386	4 386

注：***、**、*分别表示在1%、5%、10%的水平上显著。

表6–5　模型结果2——平台网络效应作为调节变量

变　量	(9)	(10)	(11)	(12)	(13)	(14)
内购项目	−0.0738***	−0.0739***	−0.0738***	−0.0738***	−0.0740***	−0.0739***
语言数量	0.0207***	0.0206***	0.0206***	0.0207***	0.0207***	0.0207***
评分	−0.171***	−0.171***	−0.172***	−0.170***	−0.173***	−0.171***
国家影响力	0.410***	0.410***	0.410***	0.409***	0.407***	0.410***
虚拟距离（v）	−0.0436**	−0.0592*	−0.0444**	−0.0413**	−0.0375*	−0.0430**
文化距离（c）	0.0236***	0.0235***	0.0191	0.0221***	0.0235***	0.0234***
行政距离（a）	−0.000494	−0.000498	−0.000442	0.00401*	−0.000641	−0.000513
地理距离（g）	−8.65e−08	0.00000135	0.00000031	0.00000039	−0.0000223	−5.84e−08
经济距离（e）	0.0110**	0.0110**	0.0110**	0.0112**	0.0106**	0.00848
开发商网络效应	−0.000002	−0.0000027	−0.0000028	0.0000030	−0.0000054*	−0.0000023
开发商网络效应×虚拟距离（inventor×v）	—	0.000000252	—	—	—	—
开发商网络效应×文化距离（inventor×c）	—	—	8.22e−08	—	—	—
开发商网络效应×行政距离（inventor×a）	—	—	—	−8.99e−08**	—	—
开发商网络效应×地理距离（inventor×g）	—	—	—	—	3.60e−10	—
开发商网络效应×经济距离（inventor×e）	—	—	—	—	—	3.78e−08
常数项	4.328***	4.377***	4.386***	4.083***	4.567***	4.355***
误差项的标准差的对数（lnsigma）	0.758***	0.758***	0.758***	0.757***	0.758***	0.758***
卡帕系数	−0.567***	−0.565***	−0.563***	−0.565***	−0.546***	−0.567***
样本量	4 386	4 386	4 386	4 386	4 386	4 386

注：***、**、*分别表示在1%、5%、10%的水平上显著。

将开发商网络效应作为调节变量（见表6–6）代入符合Gamma分布的AFT模型的结果。列（20）表明，开发商网络与经济距离的交互项具有显著性（$\beta = 0.00027$，$p < 0.001$），即开发商网络效应可以显著缓和经济距离对数字产品国际渗透速度的负向作用，部分支持假设6–5。开发商网

络对经济距离产生的阻碍作用具有调节能力，这进一步展示了在数字经济时代呈现出的特有现象，即数字经济带给发展中国家及新兴经济体更大的机遇，如中国、印度等新兴经济体，拥有较好的创新氛围和发展数字经济的能力，形成了较大的开发商网络，缩小了经济距离带来的发展阻碍。这与一些学者的研究观点相符。基于平台的服务在一些新兴国家（如中国和印度）的发展表现超过了发达国家，并且发展程度在国家内部和国家之间存在显著的异质性，这为新兴国家在大规模采用平台服务与数字创新的背景下实现跨越式发展提供了进一步的证据。

表 6-6　　模型结果 3——开发商网络效应作为调节变量

变量	(15)	(16)	(17)	(18)	(19)	(20)
内购项目	-0.0790 ***	-0.0789 ***	-0.0790 ***	-0.0793 ***	-0.0792 ***	-0.0777 ***
语言数量	0.0121 *	0.0121 *	0.0121 *	0.0121 *	0.0116 *	0.0121 *
评分	-0.223 ***	-0.224 ***	-0.223 ***	-0.222 ***	-0.225 ***	-0.222 ***
国家影响力	0.291 ***	0.290 ***	0.290 ***	0.292 ***	0.288 ***	0.287 ***
虚拟距离（v）	-0.0175	-0.0164	-0.0175	-0.0177	-0.0189	-0.0159
文化距离（c）	0.0285 ***	0.0284 ***	0.0285 ***	0.0281 ***	0.0288 ***	0.0280 ***
行政距离（a）	-0.00178	-0.00177	-0.00178	-0.00217	-0.00197	-0.00160
地理距离（g）	0.00000117	0.00000114	0.00000117	0.000000708	-0.00000994	0.000000483
经济距离（e）	0.0121 ***	0.0121 ***	0.0121 ***	0.0122 ***	0.0116 ***	0.000740
开发商网络效应	-0.0088 ***	-0.0087 ***	-0.0088 ***	-0.00943 ***	-0.0113 ***	-0.0110 ***
开发商网络效应 × 虚拟距离（inventor × v）	—	-0.0000233	—	—	—	—
开发商网络效应 × 文化距离（inventor × c）	—	—	-0.0000005	—	—	—
开发商网络效应 × 行政距离（inventor × a）	—	—	—	0.0000116	—	—
开发商网络效应 × 地理距离（inventor × g）	—	—	—	—	0.0000003 **	—
开发商网络效应 × 经济距离（inventor × e）	—	—	—	—	—	0.00027 ***
常数项	5.341 ***	5.340 ***	5.340 ***	5.363 ***	5.483 ***	5.444 ***
误差项的标准差的对数（lnsigma）	0.713 ***	0.713 ***	0.713 ***	0.714 ***	0.710 ***	0.709 ***

续表

变　　量	(15)	(16)	(17)	(18)	(19)	(20)
卡帕系数	-0.147	-0.146	-0.147	-0.152	-0.119	-0.126
样本量	4 386	4 386	4 386	4 386	4 386	4 386

注：***、**、*分别表示在1%、5%、10%的水平上显著。

五、稳健性检验

AFT模型是一个参数化模型。在前面章节的实证研究中，通过替换不同的分布形式（如对数正态分布、对数分布、威布尔分布和指数分布等），根据AIC标准与模型拟合优度选择了Gamma分布。此外，为了验证本章的研究结果不是因为设置Gamma分布所造成的片面结果，进一步选择半参数Cox模型作为稳健性检验。Cox模型在比例风险模型（Proportional Hazards，PH）的基础上提出了一种适合β估计的半参数模型，被定义为Cox PH模型或Cox模型。比例风险模型（PH）和加速失效时间模型（AFT）都是参数化的模型，需要对风险函数的具体形式进行假设，并用极大似然法对其进行估计；然而，经过删失处理的数据可能导致风险函数的设置不正确，然后会做出不一致的最大最小熵估计。因此，进一步采用Cox模型进行回归，并放宽对风险函数和分布的假设。得到的结果与原始模型基本一致，在参数显著性和正负向作用上具有一致性，说明本章的研究结果不依赖于具体的分布假设，具有一定的稳健性。

接下来，改变文章的关键变量——虚拟距离的测量方法，以检测稳健性。在稳健性检验中，使用长期演进技术（Long term Evolution，LTE）和全球微波互联接入（World Interoperability for Microwave Access，WiMAX）来进行测度，从而在基础设施水平上测量虚拟距离。稳健性检验结果发现，虚拟距离仍能显著加速国际渗透（$\beta = -0.044$，$p < 0.001$），与基本模型一致。

第七章　构建创新网络韧性的战略选择：新兴技术与数字型跨国并购

本章核心目标是剖析在当今数字化浪潮冲击下，企业如何借助人工智能（Artificial Intelligence，AI）善智与数字型跨国并购两大关键维度，筑牢创新网络韧性根基，以应对复杂多变且充满挑战的全球市场环境。本章先阐述人工智能善智的特性及其对可持续创新、创新网络韧性的影响，强调要兼顾伦理道德与社会影响，然后分析 2012~2022 年中国企业数字型跨国并购的演变趋势、其在 VUCA[①] 时代对提升企业创新能力及网络韧性的作用机制（包括整合被并购方资源与利用东道国数字资产等方面），二者皆为企业应对复杂环境、强化创新网络韧性的重要战略选择。

第一节　AI 善智与创新网络韧性：数智时代的可持续创新

人工智能技术具备开放性、可供性和生成性，在多领域开放共享，成为撬动企业创新变革的有力杠杆。本节从人工智能技术三个特性出发，着重剖析企业借助 AI 善智，以可持续创新为"加速引擎"，强化创新网络韧性以应对复杂环境的内在逻辑。

---

① V 指多变性，volatility；U 指不确定性，uncertainty；C 指复杂性，complexity；A 指模糊性，ambiguity。

一、AI 善智：奠定创新基石与价值导向

人工智能具有一种新的通用技术——生成式预训练转换器（Generative Pre-trained Transformer，GPT）（Trajtenberg，2019），技术的突破推动了新技术和产品的创新发展。《国家人工智能产业综合标准化体系建设指南（2024）》也明确指出，人工智能是引领新一轮科技革命和产业变革的基础性和战略性技术，正成为发展新质生产力的重要引擎。

人工智能技术同其他数字技术一样，具备开放性、可供性和生成性三个特性。

人工智能开放性主要是指其在技术、数据、应用场景和协作等多个方面所具有的开放特性，意味着算法、模型架构、数据集等资源共享，能够灵活地应用于各种不同的领域和行业，不同组织、机构和个人之间在人工智能研发和应用过程中具备更强的合作开放性，这极大地降低了 AI 研发的门槛（裴军等，2023；Chandra and Rahman，2024）。

人工智能可供性是指人工智能技术能够为技术使用者实现预期目标所提供的行动潜能（Liu et al.，2020），也是人工智能系统所提供的功能、特性和机会，以及这些因素如何影响用户与系统之间用户与用户之间的交互行为。人工智能的可供性首先体现在它能够提供的工具性价值上。例如，自然语言处理技术为用户提供了文本生成、翻译、问答等功能。这些功能可供用户在写作、跨语言交流、信息检索等任务中使用。

人工智能生成性是人工智能技术和社会因素相互作用的结果，指其能够自主生成新的内容、结构或知识的能力，其前因包括人工智能技术的可重新编程性、数据同质化、开放性和可供性，以及社会层面的异质主体、社会互动和递归影响（Boland et al.，2007）。从知识角度来看，人工智能的生成性体现在知识图谱的构建和扩展上。一些人工智能系统可以通过对文本等数据的挖掘和推理，生成新的知识节点和关系，从而丰富知识图谱的内容，为知识的发现和利用提供更多的资源。

值得注意的是，人工智能的发展不能仅聚焦于技术层面的突破与应用层面的拓展，伦理道德层面和社会影响层面同样不可忽视。在伦理道德方面，若缺乏考量，一方面，算法偏见易引发不公平对待（如刑事司法、自动驾驶场景中会造成人权侵犯、道德争议）；另一方面，数据隐私与安全

难以保障，医疗、金融等领域数据滥用将损害个人权益、引发信任危机。从社会影响来讲，不加斟酌地使用 AI 不仅会导致社会分化与失业加剧，还会扭曲社会价值观与文化，所以必须全方位权衡，确保 AI 契合社会整体利益与价值观，以 AI 善智作为战略发展方向。

二、可持续创新：目标与愿景的集大成

国际上一些学者在 20 世纪 90 年代提出创新持续性问题，强调企业在技术创新各方面的持久性，包括技术创新过程开展、能力提高以及效益获取等，反映了企业长期知识积累与技术进步的情况（Clausen et al., 2012）。可持续创新由持续改进、学习和创新三个要素组成。这意味着企业在创新过程中，既要不断对现有技术、产品或工艺进行渐进性改进，又要敢于突破，实现突破性创新和变革。例如，企业在生产工艺上不断优化细节属于渐进性改进，而研发出全新的、颠覆传统的产品则是突破性创新。在学理上，持续创新具有技术渐进与技术跃迁的双元性，需要企业适时进入新的技术轨道（Pasche and Magnusson, 2011）。在对持续创新进行评价时，主要遵循两大逻辑脉络。其一，依据动态能力理论开展评价工作，核心在于聚焦企业专利活动能否保持连贯性与持续性。具体而言，是深入剖析持续创新企业与非持续创新企业在能力累积进程中的不同表现及差异所在（Suárez, 2014）。其二，按照技术商业化理论来衡量持续创新，重点运用一系列创新持续性指标，涵盖研发投入的力度、专利产出的数量质量、新产品所带来的收入规模等维度，旨在精准评估创新产生的经济效益是否具备可持续性，深入探究企业过往创新的收益能否转化为后续创新的有力支撑与驱动力，助力企业达成持续创新（向刚，2006）。

三、AI 善智、可持续创新与创新网络韧性

采用 AI 善智获得价值的一个重要机制是可持续创新（Yoo et al., 2012）。已有研究已经证实了可持续创新对产品成功、市场利润和最终企业绩效的重要性（Latham et al., 2006；Tavassoli et al., 2015）。当公司在数字化背景下融入快速变化的商业环境时，这种重要性进一步加强（杨震宁等，2021）。

本书观点认为，采用 AI 善智可以开展不同技术之间的"交叉创新"，

从而更有效地创造新知识，有助于破除"核心刚性"和"能力陷阱"，促进可持续创新（何郁冰等，2017）。首先，企业可以利用人工智能技术的开放性，连接和整合其以前独立的各方，如客户和商业伙伴，提高跨越本地的知识搜索及对知识资源的配置能力（Porter and Heppelmann，2014）。例如，ChatGPT 企业版推出不久，全球范围内已经获得了 2 万个客户，ChatGPT 可以帮助企业与消费者和合作伙伴合作，共同创造价值。这样不仅可以加速产品开发周期，而且可以确保产品与市场需求紧密匹配。人工智能技术的可供性和生成性意味着外部各方的参与不仅可为公司带来新的创新理念（Ding et al.，2024），也有助于提高技术支持公司的能力，在复杂和不确定的外部环境中感知机会，并迅速适应变化（Svahn et al.，2017），这都会提高创新网络韧性。

其次，鉴于人工智能技术本质上是可重新编程的，企业能更好地延伸技术能力，在多个业务单元之间获得创新的范围经济，有利于维持创新状态；企业相应地通过对现有产品或工具进行快速和互动的改进来加速创新，对异质性知识之间进行多重组合，实现创新产出量的持续增长。在 AI 善智的推动下，企业可能会转向易于影响和改变的可延展性组织设计（Hanelt et al.，2021）。这样的组织转变使企业能够快速适应环境，并不断追求创新，增强韧性。在持续创新过程中，企业既要增强核心技术能力，也要在新的技术领域建立能力，而人工智能技术的生成性允许企业对"非核心能力"领域的技术探索和围绕"核心能力"领域的技术挖潜。拓展不同领域的技术人员参与，既提高了研发效率和吸收能力，企业也能更好吸收和整合外部伙伴的新知识，建立起"架构性能力"（Kim et al.，2016）。AI 善智帮助企业敏捷地捕捉市场信息和用户需求的变化，协同产业链上下游，形成大规模定制、个性化服务等智能化解决方案，以持续带来产品或服务的差异化创新，提高国际竞争优势，巩固市场地位。

综上所述，AI 善智的应用使企业能够整合外部知识，培养动态能力，应对不断变化的环境，从而增强创新网络韧性。

四、典型事实

京东工业充分借力 AI 善智优势彰显创新活力与韧性。（1）凭借 AI 开放性，打破内外数据壁垒，整合海量供应商、客户数据，协同多方伙伴共研智能采购系统，共享技术经验，拓宽创新边界。（2）依托 AI 可供性，智能采购助手与供应商治理引擎大显身手。前者助采购人员高效决策，后者精准管控供应商全生命周期，强化运营根基。（3）借 AI 生成性，太璞供应链横空出世，打通供需数字化链路，依据市场与客户动态智能生成协同方案；更凭借预测分析洞悉趋势，前置布局，以持续创新稳固自身在工业领域的竞争优势，强化创新网络韧性，应对复杂市场。

第二节 国际数字平台网络韧性构建：区块链技术去中心化

区块链能够促进国际数字平台的网络去中心性，这对网络韧性的形成至关重要。国际数字平台若采用中心化架构，所有的数据处理、信息传输等关键环节都依赖于单一或少数核心节点，一旦这些核心节点遭遇故障、黑客攻击或者其他意外情况，整个平台网络很可能陷入瘫痪，网络韧性极低。而区块链技术借助分布式账本等技术实现了网络去中心性，信息和数据分布存储于众多节点上，不存在单点故障隐患。比如在京东"智臻链"、沃尔玛供应链等应用场景中，各个节点都能参与数据验证与交互，即使部分节点出现问题，其他节点依然能维持平台正常运转，保障了国际数字平台网络在面对干扰时的稳定性，从而增强了网络韧性。

区块链技术改变众多行业生态并催生新产业、新模式，这一过程与提升韧性密切相关。通过分布式账本、点对点数据传输以及加密算法等，实现从信息共享到社会价值传播的跨越，减少了社会信任和交易成本，实现了多元主体平等协作。以一些新兴的基于区块链的商业模式为例，多元主体平等协作意味着在面对市场波动、政策调整等外部变化时，不同参与主体可以共同协商应对策略，灵活调整业务方向与合作模式，使整个基于国际数字平台的产业生态不会因单一主体或单一因素变动而遭受重创，增强了整个平台应对复杂环境变化的韧性，维持其持续稳定发展的能力。

针对国际数字平台现存的信息垄断、控制权集中、利益分配不均等问题，区块链技术应用可实现信息数据的互联互通，推动更高效、更开放的平台治理模式形成。信息垄断和控制权集中的平台，往往决策相对僵化，在遭遇风险时容易出现"一损俱损"的脆弱局面，缺乏韧性。而区块链技术打破了这种局面，让信息充分流通、各方平等参与治理，例如在去中心化自治组织（Decentralized Autonomous Organization，DAO）中，参与者基于规则共同决策和管理，这样平台在面对内外部风险冲击时，能够快速调动各方资源、依据更合理的治理机制进行调整恢复，从而提高了国际数字平台的韧性，使其能更好地适应数字经济环境的动态变化。

本节将交易成本理论、博弈论、交易不对称理论与数字平台治理相结合，梳理出区块链技术对国际数字平台治理的影响机制，并通过选取不同案例进行横向比较分析，验证相关假设，明确了区块链技术对国际数字平台去中心化程度的正向影响等结论。了解这些机制和影响关系，有利于在搭建和运营国际数字平台时，更合理地应用区块链技术来提升去中心化程度，进而从结构层面优化平台的稳定性和适应性，让平台在面对网络攻击、市场竞争加剧、行业规则变动等各种不确定性因素时，具备更强的抵御能力和恢复能力。这样就增强了国际数字平台基于区块链应用所带来的韧性，保障其健康、可持续发展。

一、区块链技术的应用对国际数字平台治理模式的影响机制

（一）区块链技术与国际数字平台去中心化治理

区块链通过去中心化和去信任化来维护其数据库的安全运行，分布式网络中的节点之间可以直接进行数据的共享。如此一来，区块链技术的采用既解决了数据集中带来的垄断问题，又可以将众多分散的信息集成在区块链上，实现去中心化，进而更加合理地协调资源，极大减少平台上各参与者的信息不对称状况。

区块链"点对点"的传输网络，弱化了中心节点的地位，使所有节点间都可以进行数据的传输，价值的传递也从由中心节点展开演变成为节点与节点之间进行。以供应链为例，区块链技术实时记录了商品的信息，这些记录无法被篡改，且供应链环节的任一节点都能对商品的流转进行追踪，从而保障了链上数据的真实可靠，加强了上下游企业及客户之间的联系，提高了供应链的透明度。区块链技术创造了信任，使供应链的参与各方在没有信任基础的情况下也能实现协作的安全高效（梅蕾，2021）。

同样，数字平台在跨国业务中也能通过区块链技术创建一个可靠的数据库，保障对用户信息、交易信息和物流信息等数据的安全存储、运输和共享，有效防止因地理距离导致的信息失真、隐私泄露等问题，从而为企业提供数据支持，更有效地进行业务的开展（Ren et al., 2019）。

平台开展国际合作的时候不仅会受到本国制度的约束，也会受到国外政府的管制，包括制度差异和文化差异引起的沟通障碍、地理距离带来的谈判成本和物流成本等。这些都是平台在走向国际化过程中存在的外来者劣势。

智能合约的应用克服了数字平台国际化发展的障碍。智能合约可以简单地看作通过计算机逻辑和语言翻译成代码串的传统商业合约，这些代码嵌入区块链中之后，企业之间的商业交易效率可以显著提高（罗开，2021）。一旦达到预先定义的触发条件，智能合约就会自动执行合约条款。不但降低了人工成本，而且可以大大提高执行速度，从而提升整体链上交易的效率。

此外，区块链驱动的智能合约有可能将大量低概率事件纳入合同框架中，从而大大增强合约的确定性（汪青松，2019）。这些功能可以像开源代码库一样嵌入机器可读取的合约中，减少了编写合约的信用和交易成本。

在纳什均衡的策略组合上，任意一个博弈方单独改变策略都无法获得比原本更多的利益。"纳什均衡"从数学方法上证明，在既定规则下，维持特定策略才是维护参与者自身利益的最佳选择。而区块链的本质是在经济和治理上实现纳什均衡的共识系统，是一种在技术上表达良性博弈机制的方式。

区块链所构建的协作体系能够解决分布与共识之间的矛盾。而区块链的共识机制使得分散的节点在没有中心控制的情况下，按照公认的准则，通过投票快速达成共识并完成决策，自发进行分布式协同工作。从博弈论的角度来看，博弈论的机制设计加上时间戳、非对称加密等技术的发展，为去中心化自治组织这种基于区块链的新型组织形态的产生和发展提供了完备的基础（陈加友，2021）。因此，区块链技术的采用使得网络各节点达到纳什均衡的状态，提高了数字平台去中心化的程度。

(二) 不同层采用区块链技术的影响分析

区块链技术的应用可以分为基础设施层和应用层。其中，区块链的基础设施层指的是区块链本身。区块链可以是一个平台，我们将这样的平台称为基于基础设施层的平台。在基础设施层，项目需要保障它的分布式账本，建立分布式共识机制，并提供开发所用工具。

区块链应用程序是建立在现有区块链之上的项目，应用程序也可以是平台，我们将这样的平台称为应用层平台。在应用层，项目通常着重创建业务逻辑和用户界面，为有特定需求的终端用户提供服务。

我们认为，基础设施层的数字平台往往比应用层的数字平台更分散。首先，这是由于基础设施结构层的数字平台为具有不同应用的各种平台提供了共同的基础。基于基础设施层的数字平台具有公共产品的特征，这就要求它对各方更加开放和中立，以产生最大的社会福利和网络效应。其次，由于无法被任何单一实体控制，平台的利益相关者要求参与到平台治理中来确保公平的过程和结果，这导致基于基础设施层的数字平台更加分散和民主。

相比之下，应用层的数字平台更可能是中心化的。应用层的数字平台通常被设计为服务于具有更专门目标的更具体的受众，因此不太可能产生系统性问题。平台所有者被允许掌握更多的治理权和控制权。此外，它们通常有更明确的价值主张，因此平台所有者可能希望对其平台生态系统的发展保持更多的控制。同时，平台所有者更有可能拥有专业知识和能力来实施有效的治理控制。因此，应用层的数字平台往往不那么开放，也不那么去中心化。

综上所述，本章提出以下假设。

假设7-1：区块链技术的采用对国际数字平台的去中心化程度产生正向的影响。

假设7-2：相比于应用层，在基础设施层采用区块链技术程度更高的平台，其去中心化程度更高。

二、区块链技术对国际数字平台治理模式的影响多案例比较研究

本书选取3个国际数字平台作为案例，分别为京东"智臻链"、沃尔玛供应链以及去中心化自治组织"The DAO"。案例选取的依据主要有：第

第七章　构建创新网络韧性的战略选择：新兴技术与数字型跨国并购 | 119

一，3个研究对象均体现了"国际数字平台"这一概念界定，即数字平台跨越多个国家和地区，为平台各参与者提供交互活动。区块链技术在该3个数字平台上的应用对其去中心化程度产生的影响能够验证假设7-1。第二，通过分析基础设施层和应用层的定义，发现京东"智臻链"与沃尔玛供应链平台将区块链技术应用于应用层，"The DAO"的区块链技术则应用于基础设施层，且去中心化的程度有所不同。这样的案例选取与对比，有助于帮助我们认识不同层采取区块链技术对平台治理模式产生的不同影响，以验证假设7-2。第三，在选取案例时，考虑到京东和沃尔玛都将区块链技术应用在应用层上，但是也存在不同的应用场景，故将这两个案例的差异性进行比较，分析他们对平台去中心化治理的影响存在怎样的共性及差异。

本书采用多种来源收集信息，具体包括阅读文献资料、查阅企业官方网站的新闻公告以及内部资料、从数据库中查阅公司财报、阅读媒体资源等。通过大量阅读文献资料和媒体资源，对案例的具体情况进行多方面了解，并通过分析各案例去中心化的程度，以检验假设的正确性。案例情况的对比如表7-1所示。

表7-1　　　　　　　　　案例情况对比

案例名称	应用时间	应用场景	国际化范围	去中心化程度	应用层/基础设施层
京东"智臻链"	2016年	品质溯源，数字存证，信用网络，价值创新	全球	较低	应用层
沃尔玛供应链	2018年	食品供应链	全球	较低	应用层
"The DAO"	2016年	实现智能合约	全球	高	基础设施层

（一）京东"智臻链"案例[①]

1. 京东"智臻链"区块链技术采用情况

2018年8月，"京东区块链防伪溯源网络平台"（Blockchain as a

---

① 京东智臻链-值得信赖的企业级区块链服务［EB/OL］. 京东智臻链, https：//blockchain.jd.com/.

Service，BaaS）全面上线，京东作为主链的联合管理者对平台加以全面组织部署，参与企业可以直接利用自有的区块链节点添加进主链一起运作。

供应链溯源的布局主要得益于京东在零售与物流领域具备的资源优势：首先，京东拥有完善的供应商物流设施与服务能力；其次，京东的零售业务与供应链物流上下游的参与企业联系紧密，有助于区块链联盟链的建立和对未来各投入节点企业的有效管控。京东"智臻链"主要应用场景介绍如下。

（1）品质溯源。品质溯源是区块链技术现阶段落地最广泛且深入的应用领域。借助区块链的数据可追溯性，公司能够全方位追踪产品的配送过程中每一个节点，极大加强了产品的质量保障，提升了物流配送效率以及消费者的满意度。京东防伪溯源平台 BaaS 在跨境商品、二手产品、线下商超等领域都有所应用。例如，对二手产品而言，区块链在检验机构、销售平台、监管组织之间建立的网络为其鉴定与评估提供了可靠的依据。

（2）数字存证。借助基于区块链技术的电子化存证体系，合同的生成流程就能够实现全流程的管控，不但在合同生成的流程中保证每一个节点的准确无误，还能够确保电子存证在各方之间的流动是安全透明的。京东区块链旗下产品已涵盖了包含电子数据存证、电子证照、物流报关单证等各种数字存证业务体系。例如，京东公司现已将宿迁市范围内所有入驻京东商城店铺的营业执照相关信息全部上传入链，将在未来加快进行店铺的经营资格审查工作，为政府监管部门创造了更多的政务应用场景。

（3）信用网络。如表 7-2 所示，京东运用区块链技术在数字身份、企业通账号、信用租赁、物流征信等方面助力，以进一步增强京东对中小企业用户的综合金融服务能力，为社会诚信系统建立增加全新的参评与价值维度。

表 7-2　　　　京东应用区块链搭建信用网络的途径

	数字身份	企业通用账号	信用租赁	物流征信
功能阐述	关联企业端与用户端的身份信息，为验证用户发放身份证书	企业之间共享各业务之间的企业用户信息，建立数据交互渠道	对重要的数据文件如电子协议合同进行了实时、不可篡改的存证	联合行业内各第三方安装服务商，搭建基于区块链的征信数据共享交易平台

续表

	数字身份	企业通用账号	信用租赁	物流征信
应用价值	通过身份信息上链，将零散的身份信息聚合，服务于更多的业务场景	更准确地进行企业画像，帮助精准化营销和广告投放	为参与各方提供可信赖的电子证据，解决租赁纠纷取证难、举证难、效率低的问题	区块链各方既可以查询到外部的数据，又不用担心泄露自身核心数据资产

2. 京东"智臻链"平台治理模式

京东智臻链防伪溯源平台利用区块链技术结合信息的收集，构建了科技信任机制。链上记录了每个产品从原料生产到售后的整个生命周期闭环的各个环节的关键数据。通过对大数据的处理，同政府监管部门、第三方金融机构和品牌商等共同建立了全链条闭环区块链的可追溯开放平台（见图7-1）。

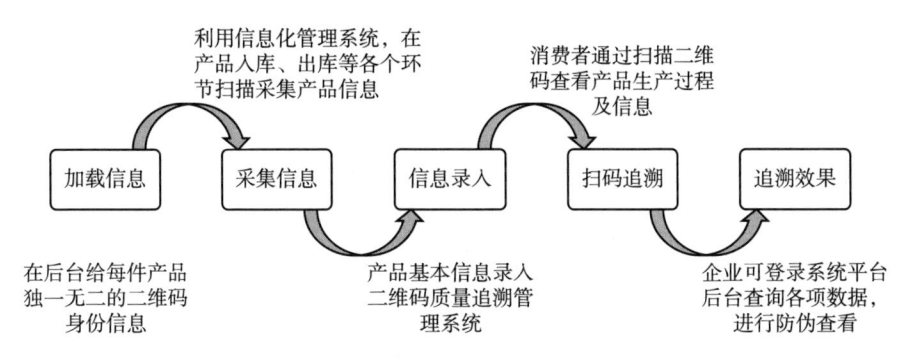

图7-1 京东"智臻链"记录商品各环节

京东智臻链的防伪溯源网络平台已全方位覆盖了生鲜、农产品、母婴、海外产品、美妆、高档名酒、二手3C产品（计算机、通信和消费类电子产品）、健康医疗、线下超市等十多个领域。平台通过区块链手段，和联盟链成员们一起维护并管理安全透明的数据信息，形成科技信任机制，保证数据的不可伪造性和信息安全保护性，从而实现真正的防伪与全过程溯源。

3. 京东"智臻链"区块链技术对平台治理的影响

（1）区块链技术的采用通过减少信息不对称实现了平台的去中心化

治理。

惠氏营养品隶属于世界五百强雀巢集团，其提供的母婴营养品对供应链的管理提出了严格的要求。其许多工厂都设在海外，为了强化质量安全管理，保障商品质量，与许多乳制品公司一样，惠氏也建设了自身的产品防伪溯源体系，利用其可追踪到生产的产品批次、托盘编号和货箱号等。从海外出关、海洋装运到国内入关检验，各个环节均被记载在产品追溯信息中。惠氏的每一罐奶粉均配有二维码，扫描之后即可获得商品的出入港时间、生产日期和保质期等资讯。

在和京东合作以后，惠氏奶粉在提供的信息中添加了京东的商品入库日期、出货时间、装箱及中转站到站日期、配送人员收到商品的日期等物流配送信息。同时，奶粉的生产流通各个环节都被记录在链上，全程化的追踪管理保证能够及时处理可能出现的问题。每一罐奶粉的生产、分配、消费等环节都通过区块链的记录，拥有了属于自己的独一无二的"身份证"，消费者进行查验就可以确保奶粉的质量安全。

京东"智臻链"作为中介平台，一方面，帮助参与其中的企业获取消费者更多的相关信息；另一方面，平台的参与者、消费者可以借助区块链了解到不同角度的商品信息，如商品生产、包装、出厂、仓储、运输及销售等。每件商品通过平台编码机制，获取唯一的身份标识，实现了商品全程品质信息可追溯，提高了消费者对商品信息的信任度，大大减少了信息不对称的问题。

（2）区块链的分布式记账和智能合约减少了信用成本和交易成本，实现了平台的去中心化治理。

京东等国际数字平台首先需要打造并维护的是一个开放的生态系统，平台其他参与者使用平台可获取的利益越多或使用的代价越低，平台所有者就越有可能从中获益。同时，京东作为国际数字平台的核心竞争力主要表现在以下三方面：成本、效率和使用感受。

京东"智臻链"的应用对以上三个方面均有提升。首先，在智能合约的应用场景中，区块链的应用使电子合同全流程中注册、实名、数字证书发放、签约意愿确认、电子合同签署等环节存证固化，还原电子合同签署过程，实现企业签单过程的无纸化，减少了核验及交易的成本。其次，分布式记账账本保证了合同等单据签收审核的有效性，区块链存证的数据同步法院等司法机构,减少了信用成本,提升服务费用的结算效率。最后,消费者通过智臻链防伪溯源平台查看跨国物流实时信息时,一旦发现商品出现任何配送上的问题,即可通过与国外物流企业联络,停止跨国物流配送,大大提高跨国物流配送的运转效能,保证了消费者的购买体验和对平台良好的使用感受。

京东"智臻链"从成本、效率和使用感受上出发,完善了平台交易的各个环节,实现了平台的去中心化治理。

(3) 区块链技术通过共识机制使各记账节点通过博弈达到纳什均衡状态,从而实现平台的去中心化治理。

京东"智臻链"的共识服务包括共识网络、身份管理、安全授权等主要功能。共识网络通过多种可插拔共识协议,实现了确定性交易执行、拜占庭容错管理和动态调整节点等性能,从而满足了企业级应用场景需求。在"智臻链"共识机制的多重算法下,能够保障用户信息的一致性与安全性,便于用户信息的验证。

而由于区块链实质上就是实现纳什均衡的共识系统,是一个良性的博弈机制,所以参与区块链的各利益方会自主维持其所提供的可信信息管理方案,不会轻易破坏其运行秩序,平台的去中心化治理极有可能实现。

在缓解信息不对称性、降低交易成本、达成纳什均衡的共识系统的机制共同作用下,平台治理的去中心化有了充分的表现形式,如图7-2所示。

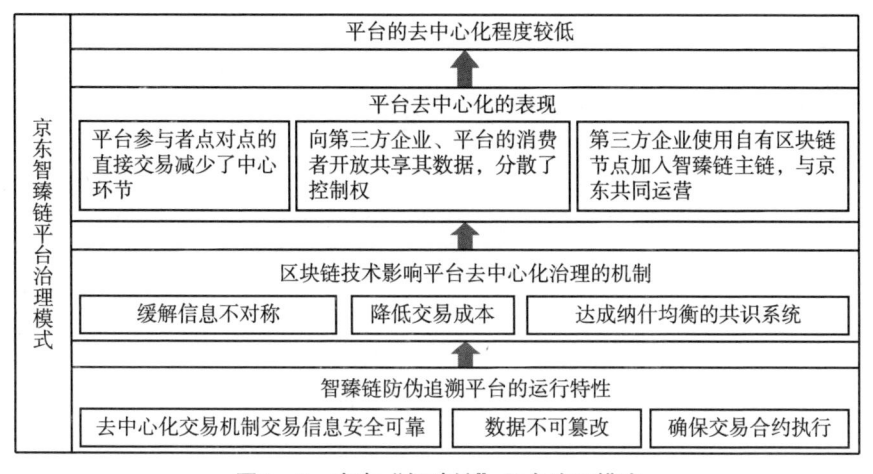

图7-2 京东"智臻链"平台治理模式

（二）基于区块链的沃尔玛供应链管理模式[①]

沃尔玛需要在世界范围内处理食品供应链，大量的作业过程与相互关联的商业活动对其供应链管理的有效性与透明度提出了新的要求。区块链技术的迅速发展，为沃尔玛处理棘手问题提出了切实可行的解决思路，也在极大程度上为其创新供应链管理路径提供了方案。

沃尔玛供应链管理的具体需求主要包括：一是供应链参与各方必须在互联网上共享相应的数据信息，控制不同的数据元素的访问权；二是信息系统能够从已有数据存储器进行自动数据导入，并保存已有的业务记录；三是要求供应链参与公司技术人员将现有数据上传至区块链，从而实现企业系统信息的无缝整合；四是当产品发生安全问题或需要产品召回服务时，区块链技术的应用可以迅速解决问题以降低服务成本。通过源于 Business IBM 区块链技术的平台框架，沃尔玛现已建立了满足自身服务需要的解决方案。沃尔玛供应链平台的治理模式如图 7-3 所示。

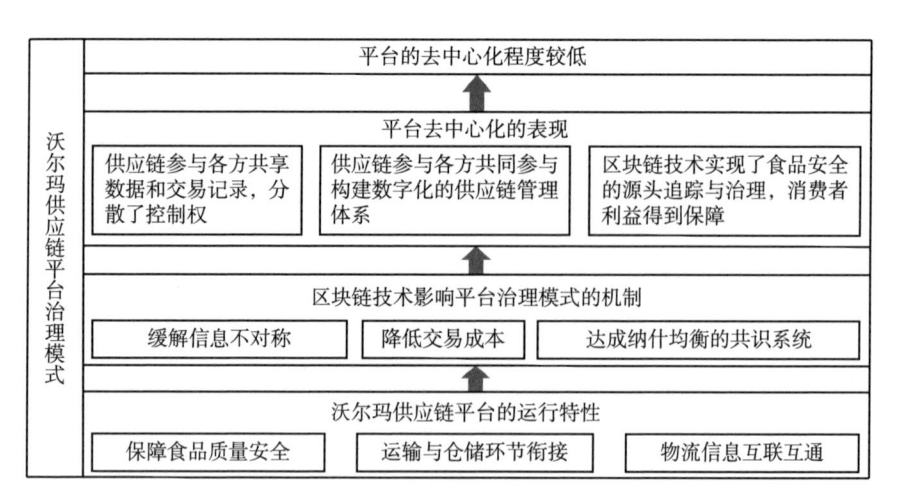

图 7-3　沃尔玛供应链平台治理模式

区块链技术所具备的特征十分适合食品生鲜供应链体系，因为它良好的可追溯特性能够使企业更加高效地采取管理措施，并增强处理有关食物

[①] 沃尔玛零售链系统 [EB/OL]. 沃尔玛中国，https：//www.walmart.cn/retail/.

安全案例及妥善处理危机事件的能力。在供应链的应用上，区块链为数据的生成、采集、共享与控制创造了一种全新的形式，利用遵循加密协议的分布式账本连接了原本分散的数据，实现数据信息的不容篡改与分享共用，打造更高水平的动态供应链。沃尔玛在这方面有着长远的战略眼光，先发制人地探索出传统供应链的问题解决方案，为同业甚至其他领域的公司做出了示范。

（三）去中心化自治组织"The DAO"[①]

"The DAO"是一个营利性质的去中心化自治组织，成立于2016年4月，以智能合约的形式在以太坊区块链上运行，是基于基础设施层的区块链应用。

具体而言，可以将"The DAO"看作一个中转平台，任何人都可以通过合约向"The DAO"发送以太币，换取对应的DAO代币作为通证。参与众筹的成员（即代币的持有人）作为股东持有投票权，各股东通过投票进行表决并提交议案，共同决定将要投资的项目。之后，"The DAO"将利用筹集到的以太币，对以太坊上的应用进行投资。同时，"The DAO"生态内会检验参与表决的人的身份。最后，投资项目所得收益将按照规则通过智能合约回馈给"The DAO"的众筹成员。在项目的初创期，"The DAO"众筹到了超过1270万的以太币（价值约1.5亿美元）。

"The DAO"的区块链模式实质上是数家公司及个人之间联合创建了一家新型合伙公司。区块链以关联公司的管理中介、决策中介和服务中介的身份存在，支持这些公司进行可信合作。在不使用区块链的情况下，由许多联合企业共同组建的合作公司（或联盟）所做出的重大决策，需要由董事会和股东同意执行。而在区块链的帮助下，平台所有参与方将遵循预定规则投票做出决定，同时参与者也能够更加放心地共享应用和服务，进而以更少的成本和更高的绩效开展商业运营。

"The DAO"治理体制的特点在于：其一，大大减少了新机构的建立成本，特别是建立跨境合作机构。这将促成大批新机构的诞生；其二，组织

[①] 陈加友．基于区块链技术的去中心化自治组织：核心属性、理论解析与应用前景 [J]．改革，2021（3）．

内的投资决策过程与管理机制都规则明晰且公正开放，这将极大减少公司之间合作的信任成本；其三，新组织的管理边界开放，所有第三方机构都可以根据规定自由进入或者退出，这将导致新组织的灵活性比传统组织更高；其四，这些组织将能够很便捷地与其他机构利用智能合约形成新型的协作关系，进而实现更高水平的协同组织。

"The DAO"平台的治理模式，消除了中心化管理模式下的参与方被核心公司操纵、限制的顾虑，也开创了在古典互联网时代所无法实现的参与者间的合作模式（见图7-4）。因此，如何设定出合适的、与参与方权利地位相符的合作准则，将成为区块链的应用在数字平台真正实现价值的关键问题。

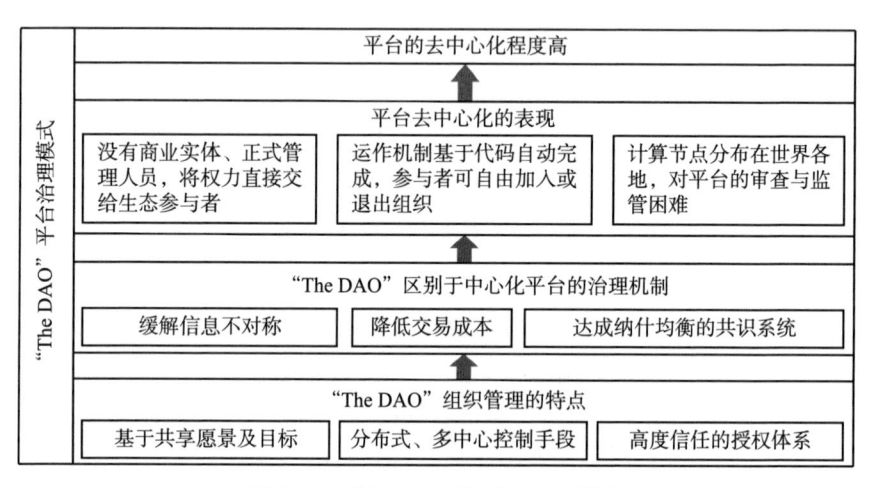

图7-4 "The DAO"平台治理模式

三、区块链技术应用与国际数字平台治理的案例横向比较分析

（一）案例横向比较共性分析

1. 共识机制在国际数字平台的运行机制

在区块链的架构中，基于时间戳的链式结构和分布式节点的共识机制是平台运营层的核心。区块链上的各个节点被录入企业的各类数据，同时这些数据被打上时间戳。通过共识机制对区块链上所有节点进行一致确认，能够防止重复交易，保证所有数据的时效性和真实性。

京东"智臻链"上所有企业的交易活动和业务事项都会录入并保存到分布式的数据库系统中，利用共识机制进行信息校验、核实和备份，由区块链的开发人员对系统及数据进行保护，如此一来就能保证数据真实性。

沃尔玛所构建的基于区块链技术的食品供应链管理平台中，供应链参与各方也可以通过链上的信息获得相应数据。整个食品供应链网络的参与方共享交易记录，通过共识机制动态生成数据（数据可供今后追溯但不可篡改），形成完整的平台数字化供应链全流程管理体系。

"The DAO"在共识机制的共同作用下，建立起不依赖某个中心的信用体系，单方组织主导转变成了多方组织共治，创造了新的组织结构。这样一个组织在区块链的帮助下可以确保参与者按照一致认同的运行标准做出决定，组织的运转依靠的是民主化、分散化的决策，因而在投资活动中减少了成本的消耗，激发了组织的潜能，实现价值的流转。

可以看出，京东的"智臻链"、沃尔玛的供应链和"The DAO"的区块链模式都充分利用了区块链的共识机制，能够代替中心化信用机构进行全新的信用创造。

2. 分布式记账技术与智能合约应用：低成本互信机制的构建路径

分布式记账技术作为区块链的核心基础，通过去中心化的账本系统实现数据信息的不可篡改性和多方共享，为传统交易中的信任问题提供了技术解决方案。在此基础上，智能合约作为预先写入区块链分布式网络的程序代码，能够在特定条件触发时自动执行相应的合约条款。区块链将自动验证交易本身和参与用户的合规性，从而简化了流程，提升了系统的安全可控性，突破了信息不对称的困局。

基于分布式记账和智能合约的技术架构，在多个领域已形成成功的应用实践。在电子商务领域，京东平台通过"智臻链"实现各参与者的点对点交易，有效规避了传统模式下因产品描述不实、中间商服务品质低下等问题导致的交易障碍。在供应链管理方面，沃尔玛运用区块链技术使供应商和消费者都能获取透明的数据信息，不仅帮助供应商优化生产策略，更化解了以往因议价分歧造成的合作关系损害问题。在组织治理层面，"The DAO"项目通过分布式网络和自动执行的智能合约，在陌生用户之间建立了可靠的信任基础。

这些应用实践的共同效果是构建了一种低成本的价值传递互信机制。具体表现为：减少了交易摩擦和中介成本，提升了交易效率；降低了信用验证成本和谈判签约费用；增强了供应链透明度和管理效率；实现了资本的高效配置。因此，分布式记账技术与智能合约的结合应用，为各行业构建低成本互信机制提供了切实可行的技术路径和实践模式。

（二）案例横向比较差异性分析

本章选取的三个案例基于不同的区块链应用层级，分别在防伪追溯平台、供应链管理、去中心化自治组织三种应用场景下，通过信用机制、分布式记账及智能合约的执行、共识机制的触发的作用，最终不同程度地提升了平台治理的去中心化水平，形成了不同的平台治理模式。对案例的系统分析验证了所提假设。

根据以上分析，可将平台去中心化的程度通过以下几种描述进行分类。

1. 是否有完整运行的节点

节点是一个区域的服务器，数据的存储和运行都在服务器里运作。节点分布越多，代表区块链的去中心化程度越高。因此，是否有完整运行的节点可以作为衡量平台去中心化程度的一个判定标准。

"京东区块链防伪追溯平台"BaaS 的建立，使京东成为主链的管理者，负责平台的部署和维护，参与企业需要用自己的区块链节点加入主链进行联合运营。BaaS 的部署给平台的各参与者提供了便捷、高性能的配套服务设施，企业只需使用 BaaS 上的常用功能即可加入链中。同时，企业开发者还可以根据自己的产品场景，在平台选择所需的接口接入和代码功能。从这个角度来看，京东"智臻链"仍然是以其自身为主要中心节点的区块链应用平台，去中心化程度不高。

沃尔玛供应链的各参与方在区块链网络上都作为节点而存在，交易方、交易内容等信息存储在链上，实现了供应链上下游节点之间的信息对称。而沃尔玛作为区块链的搭建者，通过 IBM 食品信托（IBM Food Trust）平台连接生产商、供应商、零售商等供应链系统的参与者，实质上仍然承担着组织管理整个供应链的任务。

与京东"智臻链"、沃尔玛供应链最大的不同之处在于，"The DAO"

可以说是一个完全自动运行的组织，不存在商业实体，靠计算机代码控制运作，世界上任何人都可以随意地加入和退出节点。世界范围内广泛分布的运行节点表明，"The DAO"的去中心化程度更高。

2. 治理是否去中心化，控制权是否被独占

平台治理的去中心化程度体现在是否有独立的决策者履行职权，是否负责协议、业务的执行，是否组织会议活动、分配资源、对公司的经营运转负责等。高度集中的控制权不利于集思广益，可能导致管理层采取背信的行为，伤及第三方平台参与者的利益。

对京东而言，"智臻链"的部署目的是协助用户更方便、更高效地使用区块链应用服务，为客户创造全新的产品、业务和商业模式，同时更为重要的是推动自有产业的转型升级，进而在云服务市场空间中占据一席之地。因此，京东"智臻链"的部署实际上是以自身的利益为出发点的。

沃尔玛要求其供应商使用其平台以确保供应链运营的安全。截至2019年10月，沃尔玛的所有绿色蔬菜供应商已经加入了区块链，被要求提供产品从生产到消费全过程的实时追溯信息。沃尔玛为所有使用其区块链服务的供应商提供了一个信息共享的平台，实质上，沃尔玛对整个基于区块链技术的供应链仍然有着不可动摇的控制权。

"The DAO"在实际上并非如所宣称的一样，没有领导者和管理人员，也并非纯粹依靠社区用户的投票完成对组织的治理。"The DAO"的运行过程中出现了几个所谓的"负责人"，他们的任务之一是确认提交项目建议书的人的身份。虽然"The DAO"的技术人员声称"负责人"只是负责一些机械重复的工作，不参与分布式账本的维护等管理工作，但美国证券交易委员会却认为，"负责人"的作用是不容忽视的，是能够对平台进行操控的。[1]

因此，"The DAO"的控制权并没有宣扬的那么分散，存在一些背后的管理维护人员。但是相比于京东和沃尔玛集中的控制权，"The DAO"的去中心化程度比二者要高。

---

[1] Statement by the Divisions of Corporation Finance and Enforcement on the Report of Investigation on The DAO ［EB/OL］. United States Securities and Exchange Commission，https：//www.sec.gov/newsroom/speeches-statements/corpfin-enforcement-statement-report-investigation-dao.

3. 平台是否可以抵抗审查

抵抗审查意味着用户可以不受限制地自由决定是否拥有或转让价值，没有任何实体会对用户的资产造成影响。抗审查的能力与去中心化程度成正比。所有区块链上去中心化的节点架构以及其实现的去中心化的治理，产生了抗审查的特性，基本实现了区块链系统的绝对自由，且发展不受国界和国家的限制。

京东和沃尔玛作为实体级别的全球领先企业需要紧跟不断变化的审查制度，接受国家安全审查。而"The DAO"不围绕某些核心利益集体，不受监管的限制。其区块链网络的计算节点也分布在世界各地，缺少适用的法律给予约束，此外，在"The DAO"遭到黑客攻击时，也找不到可以追责的人。因此，搭建在以太坊平台上的"The DAO"能够抵抗一定的监管与审查。

（三）区块链技术应用与国际数字平台治理案例存在的问题

1. 平台为了自身利益的伪"去中心化"

平台系统演化从中心化开始，因为这是创造、建立和制定规则最有效率的路径。中心化的结构能够最大限度地减少重复，建立起清晰明确的层级，并裁决争议。与此同时，中心化结构特征带来的权力滥用风险和协调效率低下问题，最终会持续推高系统的运行成本。而平台系统应用区块链技术的目的是通过智能合约、点对点的数据传输方式等降低信息成本，提高自己的管理效率。许多平台的运行仍然存在着中心化的操作，并没有实现真正的"去中心化"。

而区块链作为一种助力平台可持续发展的工具，其技术开发人员极有可能为了自身的利益让区块链逐渐脱离共识算法的支撑，由人工加以控制，形成区块链的"再中心化"，这背离了区块链的真正意义，也因此变成了区块链"伪链"。未来区块链伪链本身很可能再次利用交易双方信息不对称的特点，充当起中介的角色，而区块链伪链背后的运营企业很可能成为新的中介平台。

例如，京东"智臻链"和沃尔玛供应链等平台依赖主导企业应用区块链技术，是利益既定的占有者，区块链技术的使用本质上是为了降低平台与平台参与者的矛盾。未来，联盟链的节点都会部署在京东云上，京东仍然掌控所有的数据。不完全"去中心化"的平台治理模式能否顺利运行，能否真正实现控制权的分散和利益的再分配，仍然是基于区块链应用层的数字平台未来必须面对的问题。

2. 去中心化对平台各参与者的利益保护提出了新的要求

去中心化在许多角度上对个体消费者是有益的。原有的中心化平台暴露出的隐私泄露、信息极化、价格歧视等问题极大地损害了消费者的利益，而去中心化能够让消费者保护自己的隐私，将用户的数据交还给了用户本身。

但就利益分割而言，平台的去中心化可能只能解决平台企业参与者之间的利益分割问题，个体享受到的去中心化的利益较少甚至可能会被损害。这是由于个体消费者在中心化平台获得的监管保障、纠纷处理等公共服务，在去中心化的情况下是否可以存在着不确定性。例如，针对打车服务中可能存在的司机恶性行为，监管机构应该在预防、发现问题并给予肇事者惩罚上准备好应对方案。也就是说，区块链去中心化项目只有具备自己的机制设计和制度演化，更有效地处理监管与消费者的利益保护问题，才会被消费者广泛认可接受。

另外，对于企业参与者而言，区块链的分布式存储要求每个节点都需要相关的数据处理基础设施，然而并非每一个平台的参与者都有能力建设基础设施，硬件设备的不足也可能会让众多企业失去加入区块链链条的机会。去中心化平台如何帮助解决参与者硬件条件不足的问题还需要进一步探讨。

3. 构建"去中心化"的管理模式存在困难

区块链天然排斥来自政府及任何第三方的监管。而如果区块链被大量应用到不同的社会场景中，必然会触及投资人、参与者、普通消费者与国家等的众多利益，导致许多社会问题发生。所以，各国政府对区块链技术的发展态度不一，并试图对其进行规范管理或者监管。

然而，构建去中心化的管理模式并非易事，区块链技术的实践中仍然涉及许多技术问题与法律问题。因此，对区块链技术的监管，应该从两个层面出发：一是根据区块链技术的不同应用场景，分类进行监管，二是遵循区块链的自身特性，制定专门的技术标准。一方面引导行业在规范化平台、环境下加速成长；另一方面促进跨行业、跨国之间的区块链应用落地实施。

第三节　数字型跨国并购与创新网络韧性：催化还是抑制

如今，数字型跨国并购逐渐成为企业获取知识、技术等资源来维持并提高创新能力的重要途径。然而在面对外来冲击时，企业具有较强的创新网络韧性能够减少外来冲击对企业的影响。那么企业是否能够通过数字型跨国并购抵御外来冲击呢？数字型跨国并购对企业创新网络韧性是产生催化作用还是抑制作用呢？本节将分析2012~2022年中国数字型跨国并购现状，解释数字型跨国并购能够对创新网络韧性起到催化作用。

一、中国数字型跨国并购现状

中国企业数字型跨国并购的演变趋势如图7-5所示，2018~2020年中国企业跨国并购数量相对减少是因为中美贸易摩擦和新冠疫情等突发事件影响全球经济形势，经济不确定性显著上升，进而影响了中国企业的跨国并购行为。2020~2023年中国企业跨国并购数量在受到突发事件影响之后总体趋势呈现上升状态。与此同时，中国企业数字型跨国并购占比在2012~2022年总体呈现上升趋势，2023年占比有所下降，这是由于全球经济形势不景气和各国政府对数字经济的重视，许多国家已经开始通过征收数字税和加强外资收购审查等方式限制外国企业数字型跨国并购。由此可见，数字型跨国并购已成为企业实现对外投资、获取外部知识和数字资源来应对外部冲击的重要方式之一。企业在获得外部的新知识和互补数字资源之后，能够将其与自己内部现有的知识和资源网络相结合。互补的数字资源能够为企业提供更多基础设施，提高企业研发效率，提升企业的创新数量；外部的新知识能够与现有知识进行重组，企业可以打破原有的知识创新网络边界，创造新的产品和服务（Knudsen，2007）。

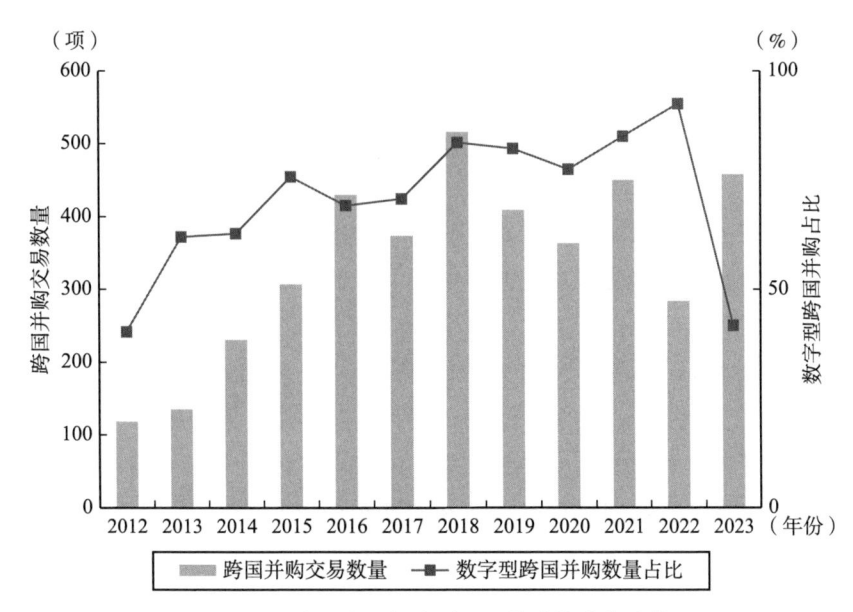

图 7-5　中国企业数字型跨国并购的演变趋势

资料来源：根据全球企业数据库（BvD-Orbis）相关资料整理。

二、数字型跨国并购与创新网络韧性

中国企业在不断进行数字并购的同时正处于 VUCA 时代，相较之前，VUCA 时代更加复杂和不稳定，这就要求企业有更强的能力来应对（方森辉等，2022）。与此同时，在数字化时代下知识成为企业的核心资源，知识元素的耦合会形成创新网络。创新网络是多个拥有知识的异质性组织作为网络节点相互连接组成，能够强化或者约束各节点对知识的获取、转移和创造的能力（Phelps et al.，2012）。知识网络理论认为，创新知识网络结构特征能够反映企业进行异质性知识间重组与新知识创造的能力（Wang et al.，2014；Brennecke et al.，2017），这种能力能够提高企业创新水平，使企业更灵活有效地应对复杂多变的环境（Ambulkar et al.，2015）。因此，通过保持企业重组和创造新知识的能力来增强企业创新网络韧性成为企业在面对外部冲击时依然能保持甚至是增强竞争优势和市场竞争力的重要手段之一。然而，数字型跨国并购作为企业的发展战略之一，可以有效催化企业的创新能力，增强创新网络韧性，提高企业在 VUCA 环境下的生存和竞争能力。数字型跨国并购主要通过整合并重组被并购方的先进技术知识和东道国的数字资产来增强企业创新能力和创新网络韧性。

（一）被并购方的先进数字技术对创新网络韧性的影响

企业在并购之后能够利用被并购方的先进数字技术来增强企业的创新网络韧性。技术并购能够直接影响创新网络的更新与重构以及网络位置的重新确定（孙笑明等，2021），从而影响创新网络韧性。创新网络的更新与重构以及网络位置的重新确定与企业知识获得范围和效率有关（Paruchuri et al.，2012），数字技术的并购能够给主并企业带来大量新的和互补的知识、信息、技术等资源，为其重构与知识创造提供了机会，通过占据创新网络的中心位置和结构洞来提高企业知识获得范围与效率（Paruchuri et al.，2012；Goetze，2010）。如果被并购方拥有丰富、先进的数字技术（如人工智能、大数据分析、物联网等），企业在并购后可以直接获取这些技术资源，企业知识获得范围明显扩大，增强了企业在创新网络的中心性（Goetze，2010），有利于企业建立更强韧的创新网络。被并购方的数字技术生态系统（包括研究机构、初创企业和技术社区）在并购之后能够与企业自身的创新网络相结合，从而扩大了创新网络的范围，加强不同知识领域的合作关系，进而有更大的机会占据更多的创新网络结构洞。不同领域的合作关系还可以带来更多的知识搜寻和知识重组机会，增加突破性技术开发的可能性，提高企业的创新数量和质量。创新数量和质量的提高有利于企业在面临外部冲击时快速寻找出相似资源或者互补资源来恢复，通过占据更多的创新网络结构洞来提高网络韧性。

（二）东道国的数字资产对创新网络韧性的影响

企业在并购之后能够利用东道国的数字资产来增强企业的创新网络韧性，其中东道国的数字基础设施和数字技术竞争力是企业在并购后能获得的主要数字资产（李纪琛和刘海建，2024）。东道国完善的数字基础设施为数字企业的发展提供了必要的计算和网络资源（Constantinides et al.，2018），降低了数字企业的创新成本，使现有知识能够快速修改和重构（Srivardahana et al.，2007）。东道国数字技术竞争力越强，说明该国的创新氛围越强，主要体现在该国的技术创新型人才多、创新成果多、技术研发投入多、数字技术对外开放程度高等。东道国完善的数字基础设施和较强的数字技术竞争力能够为企业提供更多的基础设施资源和人才创新资源，企业能够聚集、扩散的资源越丰富，企业就更有机会和能力占据创新网络的中心位置，企业的整合效率就会提高（Cho et al.，2012）。

三、数字型跨国并购催化创新网络韧性的典型事实

2018 年以来，中美技术脱钩给跨国企业带来了极大的不确定性，包括技术供应链断裂、市场准入受限、知识产权风险加大等。中国不少跨国企业通过实行数字型跨国并购来获取外部技术和资源，增强创新网络韧性。

中美技术脱钩直接影响了企业获取跨境技术资源的稳定性，数字型跨国并购能够为企业提供被并购方的技术和研发能力，提高企业的创新能力，减少中美技术脱钩带来的影响。例如，紫光集团于 2018 年收购了法国 Linxens 公司，后者是一家专注于智能卡和半导体解决方案的公司。通过该收购，紫光集团获得了芯片模块、封装等领域的技术资源。这一收购提升了紫光在芯片模块化和封装技术方面的技术积累，增强了其创新能力，降低了中美技术脱钩带来的风险。[①]

中美技术脱钩意味着中美之间的技术合作将越来越难以实现，因此，跨国企业通过并购不同区域的创新公司来组建分布式创新网络。例如，2022 年 11 月，复星医药宣布其控股子公司 Gland Pharma 拟以不超过 2.1 亿欧元收购法国 Cenexi 集团 99.84% 的股权。Cenexi 是一家专注于无菌产品和生物制品技术开发制造的合同研发生产组织（Contract Development and Manufacturing Organization，CDMO）企业。通过此次收购，复星医药拓展了欧洲市场的产品服务和 CDMO 能力，增强了全球研发能力和创新网络韧性。[②]

中美技术脱钩倒逼企业增强独立创新能力，企业能够通过并购本地化的科技企业，获得知识产权和研发成果，可以绕开脱钩带来的技术封锁。

---

① 垂直整合！紫光国微 180 亿元收购法国智能安全芯片公司 Linxens［DB/OL］. 中国电子网，https：//baijiahao.baidu.com/s?id=1635315146702047288&wfr=spider&for=pc.

② 复星医药拟 15.5 亿收购欧洲药企 加速全球布局海外营收增超 46%［DB/OL］. 同花顺财经，https：//stock.10jqka.com.cn/20221203/c643362634.shtml.

例如，面对美国的技术封锁，华为通过投资和并购国内芯片公司，[①] 提高了在芯片设计和制造方面的自主性。通过一系列的并购布局，华为逐步减少了对美国核心技术的依赖，并建立了相对自主的芯片设计和制造能力，以维持其通信设备业务的竞争力。字节跳动为了应对美国市场压力，通过收购全球范围内的内容创作者平台和内容管理技术（如 AI 团队[②]），形成了本地化的内容网络。这不仅帮助字节跳动绕开了部分技术限制，也加强了其在全球市场的韧性和运营灵活性。

[①] 拿下华为海思全球代理，背靠中字头央企，实力国内第一，潜力秒杀深圳华强 [DB/OL]. 搜狐网，https：//business.sohu.com/a/819423625_122069678.

[②] 字节跳动收购 AI 团队，布局新兴创作工具市场 [DB/OL]. 搜狐网，https：//www.sohu.com/a/808082277_121798711.

第八章　总结与展望

第一节　数智时代创新网络韧性与中国企业高质量发展研究总结与启示

本书立足于全球创新网络嵌入理论，创新性地提出"网络韧性"概念，将其与中国企业高质量发展进行深度融合，尤其聚焦美国技术脱钩的新研究情景。在逆全球化浪潮与数字经济深度变革的双重背景下，本书从网络韧性的去中心性、松散性、冗余性等角度进行创新网络韧性的测度识别。本书主要得出以下五个方面的重要结论，为中国企业在数智时代的高质量发展提供了理论指导和实践路径。

一、美国技术脱钩背景下，创新网络韧性促进了中国企业高质量发展

本书借助连续型三重差分模型，以美国对华发布的两份关税实施清单为准自然实验场景，深入探索了在美国技术脱钩的外部冲击下，创新网络韧性对中国数字企业高质量发展的影响效果、作用机制与边界条件。研究发现，在美国技术脱钩的冲击下，创新网络韧性的三个维度——局部网络松散度、集群网络跨越度和网络中心解耦度，均显著促进了中国企业高质量发展；创新网络韧性通过提高突破式创新能力和数字资产化能力来促进外部冲击下企业的高质量发展；高水平数字基础设施和高水平知识产权保护的地区环境，更能赋能我国企业提升创新网络韧性抵御美国技术脱钩对高质量发展的负面影响。

主要贡献在于首次将创新网络韧性概念引入中国企业高质量发展研究

框架，突破了传统创新网络研究中对松散和冗余结构重视不足的局限，证明了在外部冲击情境下，松散型网络结构对企业高质量发展的积极影响。通过构建从网络韧性到突破式创新能力和数字资产化能力，再到企业高质量发展的中介路径，揭示了创新网络韧性促进企业高质量发展的作用机制，同时验证了环境因素在这一过程中的调节作用，丰富了企业创新网络与高质量发展的理论体系。

研究结论对政府和企业实践具有重要启示。对政府而言，应在促进数字产业良性竞争、提升数字基础设施和完善知识产权保护等方面精准发力，创造有利于企业构建创新网络韧性的制度环境。对企业而言，面对技术脱钩等外部冲击，不应仅通过降低成本费用度过"寒冬"，而要更积极地在知识层面"有为"。通过主动构建具有韧性的创新网络结构，包括在局部网络、集群网络、整体网络三个层次部署知识耦合关系，加强突破式创新能力和数字资产化能力建设，把握数字要素对企业高质量发展的推动作用，危中寻机。

二、数实孪生视角下数字与实体网络的交互推动了创新网络进化

本书以数字制造上市公司为样本，探索数字制造企业在实体和数字层面所具备的双重特征，检验不同国际循环依存度的数字制造企业的实体网络效率和数字网络效率对创新的影响逻辑。研究发现，数字制造企业的实体网络效率和数字网络效率对创新质量的影响存在异质性作用，即实体网络效率具有边际递减作用，而数字网络效率具有正向促进作用；数实双重网络之间协同程度不高，二者的失衡性降低了数字制造企业创新质量；当数字制造企业国际循环依存度较低时，实体网络效率和数字网络效率对创新质量的积极影响更显著，且二者的失衡性对创新质量的阻碍作用更明显。

研究贡献在于首次提出并验证了"数实孪生"网络视角，突破了传统创新网络研究中单一关注实体网络或数字网络的局限，揭示了两种网络的交互作用及其对企业创新质量的影响机制。特别是识别出数实网络失衡效应这一影响企业创新的新机制，验证了数实网络协同发展的必要性。同时，将国际循环依存度引入研究框架，深化了对数字制造企业创新网络国际化程度与创新质量关系的理解，为"双循环"新发展格局下数字制造企业的创新网络构建提供了理论依据。

对企业和政府的实践启示主要体现在三个方面。（1）企业应深刻把握数字创新非线性与去中心化的逻辑，构建"数实孪生"维度的开放式创新网络关系，在传统股权联盟等实体连接基础上，积极发展数字空间的在线智能互联形式。（2）政府应系统推进工业互联网基础设施建设，解决数字网络效率低的问题，增强数实双重网络协同性与平衡性，促进工业互联网平台完善基础设施和供给侧数据要素支撑体系。（3）在"双循环"新发展格局下，低国际循环依存度企业应完善实体网络与数字网络的协同构建，而高国际循环依存度企业则需警惕国际创新链断裂风险，加速构建"以内促外"创新路径，尽快布局国内数实网络、提升创新网络抗风险能力。

三、全球视野下的创新网络韧性提升了中国企业国际竞争优势

本书分析了创新网络从本土到全球的跃迁过程，指出本土创新网络虽能为企业提供稳定的资源支持，但也存在路径依赖和资源同质化等限制。研究发现，内外知识关联度和网络结构的韧性特征能够显著增强企业的国际竞争优势，尤其是在企业受到外部冲击的情况下。网络编排是韧性拉开国际竞争优势的重要传导机制。

通过对中国制造业企业样本的分析，得出结论：内外知识关联度和网络结构的韧性增强企业的国际竞争优势，尤其是企业受到外部冲击的情况，为中国企业在全球创新网络中的构建与利用提供了实证依据。

四、数字创新的全球网络效应有助于克服国际化壁垒

本书关注了数字创新在虚拟空间的国际渗透，揭示了全球网络效应对克服多维国际距离、提升数字创新国际竞争优势的关键作用。研究发现，不同维度的距离具有异质性的影响和作用机制：文化距离和经济距离会导致用户偏好的变化，形成"用户接受障碍"；地理距离和行政距离因数字创新的虚拟性和全球平台的可获得性而不会显著影响目标国家用户使用。用户网络效应可以显著减少文化距离与虚拟距离对国际渗透的阻碍；开发商网络则能积极缓和经济距离对数字创新国际渗透的阻碍。

本书研究的理论创新在于首次将多维国际距离框架扩展至数字创新领域，构建了数字创新国际渗透的理论模型，揭示了数字时代不同距离维度对国际化的异质性影响。特别是发现并验证了三种网络效应（用户网络效

应、平台网络效应和开发商网络效应）对不同距离维度的调节作用，拓展了网络效应理论在国际商务中的应用。同时，研究证实了数字创新为新兴经济体提供了"弯道超车"的国际化可能性，为数字经济背景下的赶超型国际化理论提供了新视角。

因此，对数字创新企业而言，在国际化过程中，应特别关注文化和经济距离带来的"用户接受障碍"，通过扩大用户网络效应来减弱距离阻碍；应注重用户间的互动和体验分享，以减轻文化差异对接受度的负面影响；对政府而言，应支持开发商网络的建设，创造有利于本国数字创新企业国际化的政策环境；特别是对于新兴经济体国家，应抓住数字经济带来的赶超机遇，促进数字创新产业发展，支持本国企业在全球数字市场中的竞争力提升。

五、人工智能等新技术与数字型跨国并购驱动创新网络韧性提升

数字型跨国并购是企业获取外部异质性知识和资源的重要渠道。本书通过分析中国数字型跨国并购现状和作用机制来说明被并购方的数字技术和东道国的数字资源可对企业创新网络韧性产生催化作用，提高企业的创新能力和效率。2012~2022年数字型跨国并购占比整体呈上升趋势，也证明了其能增强创新网络韧性的有效性。同时，研究指出，人工智能作为引领科技与产业变革的关键技术，其开放性、可供性与生成性有利于促进创新网络韧性的提升。

本书研究的贡献在于将数字型跨国并购与创新网络韧性建立联系，揭示了数字型并购对企业创新网络韧性的提升机制。研究从AI善智视角，分析了人工智能技术的特征如何打破企业"核心刚性"，增强创新网络韧性，为理解新技术对创新网络的塑造作用提供了新视角。同时，研究识别出近年来数字型跨国并购趋势的变化，为企业的国际化战略调整提供了数据支持。

对企业和政府的实践启示包括：企业应将数字型跨国并购作为提升创新网络韧性的重要战略选择，通过获取外部数字技术和资源，增强企业在创新网络中的中心地位；同时，企业应正视全球数字保护主义趋势，调整跨国并购策略，寻找新的国际化创新合作模式。对政府而言，应支持企业的数字型跨国并购活动，为企业提供政策和资源支持；同时，在全球数字治理体系中争取更有利的地位，减少跨国并购中的障碍，促进企业创新网

络韧性的提升。

第二节 数智时代创新网络韧性与中国企业高质量发展研究展望

围绕中国企业创新网络韧性对企业高质量发展的影响，未来研究可以从以下四个方面展开进一步分析。

一、进一步丰富对不同类型外部冲击下创新网络韧性的识别

本书主要关注知识元素层面的创新网络韧性，进一步阐释了在美国技术脱钩的外部冲击下具备韧性的网络结构与企业高质量发展的关系。本书参考已有文献对与美国技术脱钩相关的外部冲击进行识别，以 2018 年为时间节点进行准自然实验，未来研究可以考虑更具体的时间节点和更细分的行业分类，为逆全球化背景下创新网络韧性相关研究提供更为精确的见解。

扩展研究范围和方法将有助于更全面地理解创新网络韧性的内涵和表现形式。通过引入多元化的外部冲击情境，如产业变革、地缘政治风险、自然灾害等，可以比较不同类型冲击下创新网络韧性的异同，构建更为普适性的理论框架。同时，采用一手数据收集方法，如企业调研、专家访谈等质性研究手段，能够获取更为丰富和深入的信息，弥补二手数据的局限性，提高网络韧性识别的准确性。

这些进一步研究将有望对政府和企业实践产生重要启示。对政府而言，基于不同类型外部冲击的研究结果可以帮助制定更有针对性的产业政策和创新支持措施，增强国家整体创新体系的韧性。对企业而言，了解不同类型外部冲击下创新网络韧性的表现形式和作用机制，有助于企业根据自身所处环境和面临的风险类型，有针对性地构建创新网络，提高应对各类外部冲击的能力，保障企业的可持续发展。

二、进一步探索网络编排机制对于创新网络进化的具体影响

使用二手数据库限制了本书在测量和检验关于知识流动性、创新独占性和网络稳定性等详细编排目标的能力。未来研究可以采用一手数据或其

他替代方法，来观察焦点企业的网络编排过程，将为实体联盟网络和数字平台网络的动态跨网络编排提供更深入的见解。本书主要关注焦点企业层面的创新成果，而未来研究可进一步关注网络层面的集体创新成果，区分联盟网络和数字平台网络，以进一步全面考虑开放式创新中的全部利益，以及实现焦点企业、联盟和平台目标所需的跨网络编排困境。

网络编排机制研究的深化将为创新网络理论带来重要贡献。通过长期追踪企业的网络编排过程，可以揭示网络形成、发展和调整的动态规律，理解企业如何在不同阶段优化网络结构以适应环境变化。特别是对数字平台网络和实体联盟网络的跨网络编排研究，将为数智融合背景下的网络治理理论提供新视角，丰富网络组织理论的应用范围。

这些进一步研究将有望对企业网络管理实践具有直接指导意义。企业可以根据研究成果，有意识地设计和调整其创新网络结构，平衡知识流动性、创新独占性和网络稳定性等目标，提高网络效率和创新产出。对政府而言，了解网络编排机制有助于设计更有效的产业集群政策和创新网络促进措施，引导企业形成协同互补的创新生态系统，提升区域创新能力和产业竞争力。

三、进一步拓展数字创新的类别与探索全球政策适应性的作用

对于虚拟空间的数字创新产品的国际化，本书重点仅限于完全在线运行的虚拟数字产品，不包括任何物理性质的数字产品，如智能汽车和智能机器人，它们不仅依赖于"虚拟空间"中的应用程序或软件操作，也包括在"物理场所"进行开发和国际化。因此，未来研究的重点在于探索不同类型的数字创新中所发现的虚拟空间与物理空间的相互依赖对国际化的影响。尽管本书从43个国家的102个应用程序中抽取了大量样本数据，但其均来自苹果应用商店的游戏应用，未来研究可进一步分析来自不同应用类别和其他类型的数字创新的数据进行扩展。

拓展数字创新类别的研究将丰富对数字产品国际化规律的理解。不同类型的数字创新产品（如生产力工具、社交媒体、数字内容平台等）可能面临不同的国际化阻碍和机遇，研究这些差异有助于构建更为细致和针对性的数字产品国际化理论。同时，研究虚实结合类数字创新产品（如智能可穿戴设备、智能家居等）的国际化过程，可以揭示物理空间和虚拟空间

相互作用的复杂机制，拓展数字创新国际化理论的边界。

这些研究将有望对数字企业国际化策略具有重要指导意义。企业可以根据不同类型数字创新的特点，采取差异化的国际市场进入策略，有针对性地解决文化和经济距离带来的障碍。对政府而言，了解数字创新的多样性及其国际化特点，有助于制定更精细化的数字经济国际化支持政策，促进数字贸易发展。同时，研究各国数字监管政策对数字创新国际化的影响，可以为构建更加开放、包容的全球数字治理体系提供理论支持。

四、进一步拓展全球创新网络韧性与国际竞争优势的动态分析

现阶段的研究主要集中在全球创新网络的现状和静态分析上，未来可以进一步探索全球创新网络在不断变化的全球市场和技术环境中的动态演化。特别是在不同区域、不同产业的背景下，全球创新网络的结构和韧性会如何变化，企业应如何调整其全球创新战略以适应这些变化。未来研究可以进一步关注全球创新网络韧性的过程阶段、演化路径等问题。

动态分析将为全球创新网络理论带来新的研究视角。通过纵向追踪企业的全球创新网络演变过程，可以揭示网络形成、成长和转型的阶段性特征，理解不同发展阶段的关键影响因素和转型机制。特别是研究外部环境变化（如产业革命、贸易政策调整、地缘政治变化等）如何影响全球创新网络的演化路径，有助于构建更具预测性和解释力的理论模型。

这些研究将有望对企业全球创新战略管理具有直接指导意义。企业可以根据不同发展阶段的特点和外部环境变化，动态调整其全球创新网络构建策略，保持网络韧性和竞争优势。对政府而言，了解全球创新网络的演化规律，有助于制定长期的创新政策和国际科技合作战略，促进国家创新体系与全球创新网络的有效衔接，提升国家整体创新能力和国际竞争力。

参考文献

[1] 陈旭，刘春红，高长春，江瑶．知识多样性、知识网络密度与企业创新绩效［J］．华东经济管理，2020（4）．

[2] 何郁冰，周慧，丁佳敏．技术多元化如何影响企业的持续创新？［J］．科学学研究，2017（12）．

[3] 胡华夏，喻辉．企业国际竞争力评价方法研究［J］．统计与决策，2005（1）．

[4] 黄勃，李海彤，刘俊岐．数字技术创新与中国企业高质量发展：来自企业数字专利的证据［J］．经济研究，2023（3）．

[5] 黄先海，高亚兴．数实产业技术融合与企业全要素生产率：基于中国企业专利信息的研究［J］．中国工业经济，2023（11）．

[6] 蒋冠宏．并购如何提升企业市场势力：来自中国企业的证据［J］．中国工业经济，2021（5）．

[7] 金碚．企业竞争力测评的理论与方法［J］．中国工业经济，2003（3）．

[8] 李珮璘．我国跨国公司竞争力的国际比较及对策［J］．经济纵横，2015（3）．

[9] 李鹏，吴瑶，彭华涛．知识网络嵌入与国际创业企业成长关系研究［J］．科学学研究，2022（8）．

[10] 李雪松，党琳，赵宸宇．数字化转型、融入全球创新网络与创新绩效［J］．中国工业经济，2022（10）．

[11] 厉娜，林润辉，谢在阳．多重网络嵌入下企业探索式创新影响机制研究［J］．科学学研究，2020（1）．

[12] 刘宇，邵云飞，康健．知识共享视角下联盟组合构型对企业创新绩效的影响［J］．科技进步与对策，2019（21）．

[13] 鲁晓东，连玉君. 中国工业企业全要素生产率估计：1999—2007 [J]. 经济学（季刊），2012（2）.

[14] 路征，周婷，王理. 数据资产与企业发展：来自中国上市公司的经验证据 [J]. 产业经济研究，2023（4）.

[15] 吕越，娄承蓉，杜映昕. 基于中美双方征税清单的贸易摩擦影响效应分析 [J]. 财经研究，2019（2）.

[16] 潘清泉，唐刘钊. 技术关联调节下的企业知识基础与技术创新绩效的关系研究 [J]. 管理学报，2015（12）.

[17] 潘艺，张金昌. 数字化转型与企业竞争力：契机还是危机：来自中国 A 股上市企业的经验证据 [J]. 产业经济研究，2023（3）.

[18] 裴军，周娅，彭张林，杨善林. 高端装备智能制造创新运作：从平台型企业到平台型供应链 [J]. 管理世界，2023（1）.

[19] 任胜钢，郑晶晶，刘东华. 排污权交易机制是否提高了企业全要素生产率：来自中国上市公司的证据 [J]. 中国工业经济，2019（5）.

[20] 唐浩丹，方森辉，蒋殿春. 数字化转型的市场绩效：数字并购能提升制造业企业市场势力吗？[J]. 数量经济技术经济研究，2022（12）.

[21] 陶锋，王欣然，徐扬. 数字化转型、产业链供应链韧性与企业生产率 [J]. 中国工业经济，2023（5）.

[22] 田丽娜，杨祖国. 基于"反向引用"视角的中国专利技术与世界科学关联分析 [J]. 图书情报工作，2017（2）.

[23] 田秀娟，李睿. 数字技术赋能实体经济转型发展：基于熊彼特内生增长理论的分析框架 [J]. 管理世界，2022（5）.

[24] 肖亮，王璐雅，徐榆雯. 多重知识网络嵌入对跨境 B2C 出口企业绩效的影响研究 [J]. 管理学报，2018（10）.

[25] 肖瑶，彭新敏，李剑. 知识-关系双网下的组织惯例创新机理研究 [J]. 科学学研究，2021（4）.

[26] 谢洪明，王现彪，吴溯. 激励对 IJVs 知识管理和管理创新的影响：华南地区企业的实证研究 [J]. 科学学研究，2009（1）.

[27] 解学梅，王宏伟，余生辉. 上下同欲者胜：开放式创新生态网络结构对价值共创影响机理 [J]. 管理科学学报，2024（3）.

[28] 熊广勤，石大千，李美娜. 低碳城市试点对企业绿色技术创新

的影响[J].科研管理,2020(12).

[29] 徐露允,曾德明,张运生.知识网络密度与双元创新绩效关系研究:基于知识基础多元度的调节效应[J].研究与发展管理,2018(1).

[30] 徐宁,姜楠楠,张晋.股权激励对中小企业双元创新战略的影响研究[J].科研管理,2019(7).

[31] 杨博旭,王玉荣,李兴光."厚此薄彼"还是"雨露均沾":组织如何有效利用网络嵌入资源提高创新绩效[J].南开管理评论,2019(3).

[32] 杨震宁,侯一凡,李德辉.中国企业"双循环"中开放式创新网络的平衡效应:基于数字赋能与组织柔性的考察[J].管理世界,2021(11).

[33] 叶明,王晓红.企业数字化转型与创新绩效:基于知识吸收能力的中介作用[J].科研管理,2022(2).

[34] 赵丙艳,葛玉辉,刘喜怀.高管团队异质性、行为整合对决策绩效的影响:基于我国物流企业的实证研究[J].中国流通经济,2015(7).

[35] 郑晶晶,任胜钢,刘东华.排污权交易机制是否提高了企业全要素生产率:来自中国上市公司的证据[J].中国工业经济,2019(5).

[36] Agarwal R, Audretsch D, Sarkar M B. The process of creative construction: knowledge spillovers entrepreneurship and economic growth [J]. Strategic Entrepreneurship Journal, 2007 (3-4).

[37] Agarwal R, Bayus B L. The market evolution and sales take off of product innovations [J]. Management Science, 2002 (8).

[38] Aghion P, Jaravel X. Knowledge spillovers innovation and growth [J]. Economic Journal, 2015: 583.

[39] Ahuaja G. Collaboration networks structural holes and innovation: a longitudinal study [J]. Administrative science quarterly, 2000 (3).

[40] Aiken L S, West S G, Reno R R. Multiple regression: testing and interpreting interactions [J]. Choice Reviews Online, 1992 (6).

[41] Al'pidovskaia M L, Popkova E G. Marx and modernity: a political and economic analysis of social systems management [M]. Information Age

Publishing Inc, 2019.

［42］ Amit R, Zott C. Value creation in e-business ［J］. Strategic Management Journal, 2001 (6 - 7).

［43］ Aral S, Walker D. Creating social contagion through viral product design: a randomized trial of peer influence in networks ［J］. Management Science, 2011 (9).

［44］ Arenius P, Sasi V, Gabrielsson M. Rapid internationalisation enabled by the internet: the case of a knowledge intensive company ［J］. Journal of International Entrepreneurship, 2005 (4).

［45］ Autio E, Mudambi R, Yoo Youngjin. Digitalization and globalization in a turbulent world: centrifugal and centripetal forces ［J］. Global Strategy Journal, 2021 (1).

［46］ Autio E, Nambisan S, Thomas L D, Wright M. Digital affordances spatial affordances and the genesis of entrepreneurial ecosystems ［J］. Strategic Entrepreneurship Journal, 2018 (1).

［47］ Banalieva E R, Dhanaraj C. Internalization theory for the digital economy ［J］. Journal of International Business Studies, 2019 (8).

［48］ Barrett M, Oborn E, Orlikowski W J, et al. Reconfiguring boundary relations: robotic innovations in pharmacy work ［J］. Organization Science, 2012 (5).

［49］ Baum J A, Calabrese T, Silverman B S. Don't go it alone: alliance network composition and startups' performance in Canadian biotechnology ［J］. Strategic Management Journal, 2000 (3).

［50］ Berry H, Guillén M F, Zhou N. An institutional approach to cross-national distance ［J］. Journal of International Business Studies, 2010 (9).

［51］ Bettiol M, Capestro M, Di Maria E, Grandinetti R. Leveraging on intra-and inter-organizational collaboration in Industry 4.0 adoption for knowledge creation and innovation ［J］. European Journal of Innovation Management, 2023 (7).

［52］ Bhandari K R, Zámborsky, Ranta M, Salo J. Digitalization internationalization and firm performance: a resource-orchestration perspective on new OLI advantages [J]. International Business Review, 2023 (4).

[53] Bharadwaj A, El Sawy O A, Pavlou P A, et al. Digital business strategy: toward a next generation of insights [J]. Management Information Systems, 2013 (2).

[54] Bockelmann T, Werder K, Recker J, Lehmann J, Bendig D. Configuring alliance portfolios for digital innovation [J]. Journal of Strategic Information Systems, 2024 (1).

[55] Boland R J, Lyytinen K, Yoo Y. Wakes of innovation in project networks: the case of digital 3-D representations inarchitecture engineering and construction [J]. Organization Science, 2007 (4).

[56] Bonacich P. Some unique properties of eigenvector centrality [J]. Social Networks, 2007 (4).

[57] Bortoluzzi G, Chiarvesio M, Romanello R, Tabacco R, Veglio V. Servitisation and performance in the business-to-business context: the moderating role of Industry 4.0 technologies [J]. Journal of Manufacturing Technology Management, 2022 (9).

[58] Boudreau K J. Let a thousand flowers bloom? An early look at large numbers of software app developers and patterns of innovation [J]. Organization Science, 2012 (5).

[59] Breschi S, Lissoni F. Mobility and social networks: localised knowledge spillovers revisited [M]. Università Commerciale Luigi Bocconi, 2003.

[60] Brouthers K D, Chen L, Li S L, Shaheer N. Charting new courses to enter foreign markets: conceptualization theoretical framework and research directions on non-traditional entry modes [J]. Journal of International Business Studies, 2022 (9).

[61] Brouthers K D, Geisser K D, Rothlauf F. Explaining the internationalization of ibusiness firms [J]. Journal of International Business Studies, 2016 (5).

[62] Buchmann T, Kaiser M. The effects of R&D subsidies and network embeddedness on R&D output: evidence from the German biotech industry [J].

Industry and Innovation, 2019 (3).

［63］Buckley P J, Casson M C. The internalisation theory of the multinational enterprise: a review of the progress of a research agenda after 30 years ［J］. Journal of International Business Studies, 2009 (9).

［64］Buckley P J, Casson M. The future of the multinational enterprise ［M］. Springer, 2016.

［65］Burford N, Shipilov A V, Furr N R. How ecosystem structure affects firm performance in response to a negative shock to interdependencies ［J］. Strateg Manage Journal, 2022 (1).

［66］Busquets J. Orchestrating smart business network dynamics for innovation ［J］. European Journal of Information Systems, 2010 (4).

［67］Cahen F, Borini F M. International digital competence ［J］. Journal of International Management, 2020 (1).

［68］Caillaud B, Jullien B. Chicken and egg: competition among intermediation service providers ［J］. The RAND Journal of Economics, 2003 (2).

［69］Cano-kollmann M, Hannigan T J, Mudambi R. Global innovation networks-organizations and people ［J］. Journal of International Management, 2018 (2).

［70］Capone F, Lazzeretti L, Innoceniti N. Innovation and diversity: the role of knowledge networks in the inventive capacity of cities ［J］. Small Business Economics, 2021 (2).

［71］Casillas J C, Acedo F J. Speed in the internationalization process of the firm ［J］. International Journal of Management Reviews, 2013 (1).

［72］Cavusgil S T, Knight G. The born global firm: an entrepreneurial and capabilities perspective on early and rapid internationalization ［J］. Journal of International Business Studies, 2015 (1).

［73］Ceccagnoli M, Forman C, Huang P, et al. Cocreation of value in a platform ecosystem: the case of enterprise software ［J］. Management Information Systems, 2012 (1).

［74］Cennamo C, Santalo J. Platform competition: strategic trade-offs in platform markets [J]. Strategic Management Journal, 2013 (11).

[75] Cezarino L O, Liboni L B, Stefanelli N O, Oliveira B G, Stocco L C. Diving into emerging economies bottleneck: Industry 4.0 and implications for circular economy [J]. Management Decision, 2019 (8).

[76] Chandra B, Rahman Z. Artificial intelligence and value co-creation: a review conceptual framework and directions for future research [J]. Journal of Service Theory and Practice, 2024 (1).

[77] Chandrasekaran D, Tellis G J. Global takeoff of new products: culture wealth or vanishing differences? [J]. Marketing Science, 2008 (5).

[78] Chen C J. The effects of knowledge attribute alliance characteristics and absorptive capacity on knowledge transfer performance [J]. Research and Development Management, 2004 (3).

[79] Chen L, Shaheer N, Yi J T, Li S L. The international penetration of ibusiness firms: network effects liabilities of outsidership and country clout [J]. Journal of International Business Studies, 2019 (2).

[80] Chen S F, Hennart J F. Japanese investors' choice of joint ventures versus wholly-owned subsidiaries in the US: the role of market barriers and firm capabilities [J]. Journal of International Business Studies, 2002 (1).

[81] Chen X, Liu C H, Gao C C, Jiang Y. Mechanism underlying the formation of virtual agglomeration of creative industries: theoretical analysis and empirical research [J]. Sustainability, 2021 (4).

[82] Chu J, Manchanda P. Quantifying cross and direct network effects in online consumer-to-consumer platforms [J]. Marketing Science, 2016 (6).

[83] Clausen T, Pohjola M, Sapprasert K, et al. Innovation strategies as a source of persistent innovation [J]. Industrial and Corporate Change, 2012 (3).

[84] Corts K S, Lederman M. Software exclusivity and the scope of indirect network effects in the US home video game market [J]. International Journal of Industrial Organization, 2009 (2).

[85] Coviello N, Kano L, Liesch P W. Adapting the Uppsala model to a modern world: macro-context and microfoundations [M]. Journal of International

Business Studies, 2017 (9).

[86] Cozzolino A, Verona G, Rothaermel F T. Unpacking the disruption process: new technology business models and incumbent adaptation [J]. Journal of Management Studies, 2018 (7).

[87] Das A, Dey S. Global manufacturing value networks: assessing the critical roles of platform ecosystems and Industry 4.0 [J]. Journal of Manufacturing Technology Management, 2021 (6).

[88] Del Giudice M, Di Vaio A, Hassan R, Palladino R. Digitalization and new technologies for sustainable business models at the ship-port interface: a bibliometric analysis [J]. Maritime Policy and Management, 2022 (3).

[89] Demirbag M, Tatoglu E, Glaister K W. Equity-based entry modes of emerging country multinationals: lessons from Turkey [J]. Journal of World Business, 2009 (4).

[90] Dhanaraj C, Parkhe A. Orchestrating innovation networks [J]. Academy of Management Review, 2006 (3).

[91] Ding Y, Li J, Song Y, et al. How does the cross-border M&A network affect digital innovation? Empirical evidence from Chinese listed companies [J]. Research in International Business and Finance, 2024 (PB102382).

[92] Eduardsen J, Marinova S T, Gonzalez-Loureiro M, Vlacic B. Business group affiliation and SMEs' international sales intensity and diversification: a multi-country study [J]. International Business Review, 2022 (5).

[93] Eisenmann T, Parker G, Van Alstyne M W. Strategies for two-sided markets [J]. Harvard Business Review, 2006 (10).

[94] Eriotis N P, Frangouli Z, Ventoura-Neokosmides Z. Profit margin and capital structure: an empirical relationship [J]. Journal of Applied Business Research, 2011 (2).

[95] Evans D S, Schmalensee R. Failure to launch: critical mass in platform businesses [J]. Review of Network Economics, 2010 (4).

[96] Evans D S, Schmalensee R. Matchmakers: the new economics of multisided platforms [M]. Harvard Business Review Press, 2016.

[97] Faccin K, Wegner D, Balestrin A. How to orchestrate R&D networks? The role of orchestration subprocesses and collaborative practices over time [J]. Creativity and Innovation Management, 2020 (1).

[98] Fan T, Phan P. International new ventures: revisiting the influences behind the "born-global" firm [J]. Journal of International Business Studies, 2007 (7).

[99] Fleming L. Recombinant uncertainty in technological search [J]. Management Science, 2001 (1).

[100] Galkina T, Atkova I, Ciulli F. Networks of internationalizing digital platforms in physical place and digital space [J]. Global Strategy Journal, 2023 (4).

[101] Gamidullaeva L, Tolstykh T, Bystrov A, Radaykin A, Shmeleva N. Cross-sectoral digital platform as a tool for innovation ecosystem development [J]. Sustainability, 2021 (21).

[102] Gawer A, Cusumano M A. Industry platforms and ecosystem innovation [J]. Journal of Product Innovation Management, 2014 (3).

[103] Ghazawneh A, Henfridsson O. Balancing platform control and external contribution in third-party development: the boundary resources model [J]. Information Systems Journal, 2013 (2).

[104] Ghemawat. Distance still matters: the hard reality of global expansion [J]. Harvard Business Review, 2001 (8).

[105] Ghose A, Han S P. Estimating demand for mobile applications in the new economy [J]. Management Science, 2014 (6).

[106] Giudici A, Reinmoeller P, Ravasi D. Open-system orchestration as a relational source of sensing capabilities: evidence from a venture association [J]. Academy of Management Journal, 2018 (4).

[107] Giuduci A, Rolbina M. An analysis of pankaj chemawat's distance still matters: the hard reality of global expansion [M]. Macat International Ltd. New York, 2018.

[108] Goldfarb A, Tucker C. Digital economics [J]. Journal of Economic Literature, 2019 (1).

[109] Guimerà R, Amaral L A N. Cartography of complex networks: modules and universal roles [J]. Journal of Statistical Mechanics: Theory and Experiment, 2005a (P02001).

[110] Guimerà R, Amaral L A N. Functional cartography of complex metabolic networks [J]. Nature, 2005b (7028).

[111] Gulati R, Gargiulo M. Where do interorganizational networks come from? [J]. American Journal of Sociology, 1999 (5).

[112] Gulati R, Singh H. The architecture of cooperation: managing coordination costs and appropriation concerns in strategic alliances [J]. Administrative Science Quarterly, 1998 (4).

[113] Haans R F J, Pieters C, He Z L. Thinking about U: theorizing and testing U and inverted U-shaped relationships in strategy research [J]. Strategic Management Journal, 2016 (7).

[114] Han Y, Xie L. Platform network ties and enterprise innovation performance: the role of network bricolage and platform empowerment [J]. Journal of Innovation and Knowledge, 2023 (4).

[115] Hanelt A, Bohnsack R, Marz D, Antunes Marante C. A systematic review of the literature on digital transformation: insights and implications for strategy and organizational change [J]. Journal of Management Studies, 2021 (5).

[116] Hannah D P, Eisenhardt K M. How firms navigate cooperation and competition in nascent ecosystems [J]. Strateg Manage Journal, 2018 (12).

[117] Hansen B E. Threshold effects in non-dynamic panels: estimation testing and inference [J]. Journal of Econometrics, 1999 (2).

[118] Hashai N. Sequencing the expansion of geographic scope and foreign operations by "born global" firms [J]. Journal of International Business Studies, 2011 (8).

[119] Hausmann R, Pritchett L, Rodrik D. Growth accelerations [J]. Journal of Economic Growth, 2005 (4).

[120] He Z L, Wong P K. Exploration vs. exploitation: an empirical test of the ambidexterity hypothesis [J]. Organization Science, 2004 (4).

［121］Heeyon Kim, Michael Jensen. Audience heterogeneity and the effectiveness of market signals: how to overcome liabilities of foreignness in film exports？［J］. Academy of Management Journal，2014（5）.

［122］Helfat C E, Raubitschek R S. Dynamic and integrative capabilities for profiting from innovation in digital platform-based ecosystems［J］. Research Policy，2018（8）.

［123］Hennart J F, Park Y R. Greenfield vs. acquisition: the strategy of Japanese investors in the United States［J］. Management Science，1993（9）.

［124］Hofstede G. Culture and organizations［J］. International Studies of Management & Organization，1980（4）.

［125］Hossain M, Lassen A H. How do digital platforms for ideas technologies and knowledge transfer act as enablers for digital transformation？［J］. Technology Innovation Management Review，2017（9）.

［126］Huang Jimmy, Henfridsson Ola, Liu Martin J, Newell Sue. Growing on steroids: rapidly scaling the user base of digital ventures through digital innovation［J］. Management Information Systems，2017（1）.

［127］Hurmelinna-Laukkanen P, Olander H, Blomqvist K, Panfilii V. Orchestrating R&D networks: absorptive capacity network stability and innovation appropriability［J］. European Management Journal，2012（6）.

［128］Ipsmiller E, Dikova D, Brouthers K D. Digital internationalization of traditional firms: virtual presence and entrepreneurial orientation［J］. Journal of International Management，2022（4）.

［129］Jaffe A B, Trajtenberg M Henderson R. Geographic localization of knowledge spillovers as evidenced by patent citations［J］. The Quarterly Journal of Economics，1993（3）.

［130］Jean R J, Kim D. Internet and SMEs' internationalization: the role of platform and website［J］. Journal of International Management，2020（1）.

［131］Johanson J, Vahlne J E. Commitment and opportunity development in the internationalization process: a note on the Uppsala internationalization process model［J］. Management International Review，2006（2）.

［132］Johanson J, Vahlne J E. The internationalization process of the firm—a model of knowledge development and increasing foreign market commitments [J]. Journal of International Business Studies, 1977 (1).

[133] Kallinikos J, Aaltonen A, Marton A. The ambivalent ontology of digital artifacts [J]. Mis Quarterly, 2013 (2).

[134] Katz M L, Shapiro C. Network externalities competition and compatibility [J]. The American Economic Review, 1985 (3).

[135] Kazadi K, Lievens A, Mahr D. Stakeholder co-creation during the innovation process: identifying capabilities for knowledge creation among multiple stakeholders [J]. Journal of Business Research, 2016 (2).

[136] Ke Rong, Qun Ren, Xianwei Shi. The determinants of network effects: evidence from online games business ecosystems [J]. Technological Forecasting & Social Change, 2018 (9).

[137] Kiel D, Müller J M, Arnold C, Voigt Ki. Sustainable industrial value creation: benefits and challenges of Industry 4.0 [J]. International Journal of Innovation Management, 2017 (8).

[138] Kim H, Jensen M. Audience heterogeneity and the effectiveness of market signals: how to overcome liabilities of foreignness in film exports? [J]. Academy of Management Journal, 2014 (5).

[139] Kim J J, Lee C-Y, Cho Y. Technological diversification core-technology competence and firm growth [J]. Research Policy, 2016 (1).

[140] Kim M. A real driver of US-China trade conflict: the Sino-US competition for global hegemony and its implications for the future [J]. International Trade Politics and Development, 2019 (1).

[141] Knight G, Cavusgil S. Innovation organizational capabilities and the born global firm [J]. Journal of International Business Studies, 2004 (2).

[142] Kogan L, Papanikolaou D, Seru A, et al. Technological innovation resource allocation and growth [J]. The Quarterly Journal of Economics, 2017 (2).

[143] Kretschmer T, Leiponen A, Schilling M, Vasudeva G. Platform ecosystems as meta-organizations: implications for platform strategies [J]. Strategic Management Journal, 2022 (3).

[144] Kumar V, Singh D, Purkayastha A, Popli M, Gaur A. Springboard internationalization by emerging market firms: speed of first cross-border acquisition [J]. Journal of International Business Studies, 2020 (1).

[145] Latham W R, Bas C. The economics of persistent innovation: an evolutionary view [M]. Springer Berlin, 2006.

[146] Lee J, Kim D, Choi B, Jiménez A. Early evidence on how Industry 4.0 reshapes MNEs' global value chains: the role of value creation versus value capturing by headquarters and foreign subsidiaries [J]. Journal of International Business Studies, 2023 (4).

[147] Lee R S. Vertical integration and exclusivity in platform and two-sided markets [J]. American Economic Review, 2013 (7).

[148] Li F, Chen Y, Ortiz J, Wei M Y. The theory of multinational enterprises in the digital era: state-of-the-art and research priorities [J]. International Journal of Emerging Markets, 2024 (2).

[149] Li J, Chen L, Yi J, et al. Ecosystem-specific advantages in international digital commerce [J]. Journal of International Business Studies, 2019 (9).

[150] Linnenluecke M K. Resilience in business and management research: a review of influential publications and a research agenda [J]. International Journal of Management Reviews, 2017 (1).

[151] Liu L J, Long J, Liu R H, Fan Q, Wan W H. Examining how and when digital platform capabilities drive technological innovation: a strategic information perspective [J]. Journal of Enterprise Information Management, 2023 (2).

[152] Liu Y W, Wang, Z P Zhang. The dual drivetrain model of digital transformation: role of industrial big-data-based affordance [J]. Management Decision, 2020 (2).

[153] Lukin A. The US-China trade war and China's strategic future [J]. Survival, 2019 (1).

[154] Luo Y D, Witt M A. Springboard MNEs under de-globalization [J]. Journal of International Business Studies, 2022 (4).

［155］Luo Y D, Zahra S A. Industry 4.0 in international business research [J]. Journal of International Business Studies, 2023 (3).

［156］Luo Y D. New connectivity in the fragmented world [J]. Journal of International Business Studies, 2022 (5).

［157］Luo Y. New OLI advantages in digital globalization [J]. International Business Review, 2021 (9).

［158］Lynch P, Beck J. Profiles of internet buyers in 20 countries: evidence for region-specific strategies [J]. Journal of International Business Studies, 2001 (4).

［159］Lyytinen K, Yoo Y, Boland R J. Digital product innovation within four classes of innovation networks [J]. Information Systems Journal, 2016 (1).

［160］Madhok A, Keyhani M, Bossink B. Understanding alliance evolution and termination: adjustment costs and the economics of resource value [J]. Strategic Organization, 2015 (2).

［161］Mahmood I P, Zhu H J, Zajac E J. Where can capabilities come from? Network ties and capability acquisition in business groups [J]. Strategic Management Journal, 2011 (8).

［162］Majumdar S K, Venkataraman S. Network effects and the adoption of new technology: evidence from the US telecommunications industry [J]. Strategic Management Journal, 1998 (11).

［163］Makri M, Hitt M A, Lane P J. Complementary technologies knowledge relatedness and invention outcomes in high technology mergers and acquisitions [J]. Strategic Management Journal, 2010 (6).

［164］Maksimov V, Wang S, Yan S. Global connectedness and dynamic green capabilities in MNEs [J]. Journal of International Business Studies, 2019 (1).

［165］Mcintyre D P, Srinivasan A. Networks platforms and strategy: emerging views and next steps [J]. Strategic Management Journal, 2017 (1).

［166］McIntyre D P, Subramaniam M. Strategy in network industries: a review and research agenda [J]. Journal of Management, 2009 (6).

［167］Miao Z Y. Industry 4.0: technology spillover impact on digital manufacturing industry [J]. Journal of Enterprise Information Management, 2022 (4-5).

[168] Miller S R, Lavie D, Delios A. International intensity diversity and distance: unpacking the internationalization-performance relationship [J]. International Business Review, 2016 (4).

[169] Monaghan S, Tippmann E, Coviello N. Born digitals: thoughts on their internationalization and a research agenda [J]. Journal of International Business Studies, 2019 (51).

[170] Najafi-Tavani S, Najafi-Tavani Z, Naudé P, Oghazi P, Zeynaloo E. How collaborative innovation networks affect new product performance: product innovation capability process innovation capability and absorptive capacity [J]. Industrial Marketing Management, 2018 (8).

[171] Nambisan S, Baron R A. Entrepreneurship in innovation ecosystems: entrepreneurs' self-regulatory processes and their implications for new venture success [J]. Entrepreneurship Theory and Practice, 2013 (5).

[172] Nambisan S, Luo Y D. Toward a loose coupling view of digital globalization [J]. Journal of International Business Studies, 2021 (8).

[173] Nambisan S, Lyytinen K, Majchrzak A, Song M. Digital innovation management: reinventing innovation management research in a digital world [J]. Management Information Systems, 2017 (1).

[174] Nambisan S, Sawhney M. Orchestration processes in network-centric innovation evidence from the field [J]. Academy of Management Perspectives, 2011 (3).

[175] Nambisan S, Zahra A, Luo Y. Global platforms and ecosystems: implications for international business theories [J]. Journal of International Business Studies, 2019 (9).

[176] Oh W Y, Chang Y K, Kim T Y. Complementary or substitutive effects? Corporate governance mechanisms and corporate social responsibility [J]. Journal of Management, 2018 (7).

[177] Olsson A K, Bernhard I. Keeping up the pace of digitalization in small businesses-women entrepreneurs' knowledge and use of social media [J].

International Journal of Entrepreneurial Behavior and Research, 2021 (2).

[178] Paquin R L, Howard-Grenville J. Blind dates and arranged marriages: longitudinal processes of network orchestration [J]. Organization Studies, 2013 (11).

[179] Parker G G, Van Alstyne M W. Two-sided network effects: a theory of information product design [J]. Management Science, 2005 (10).

[180] Parkhe A. Building trust in international alliances [J]. Journal of World Business, 1998 (4).

[181] Pasche M, Magnusson M. Continuous innovation and improvement of product platforms [J]. International Journal of Technology Management, 2011 (2-4).

[182] PatelL P C, Fernhaber S A, Mcdougall-Covin P P, Van Der Have R P. Beating competitors to international markets: the value of geographically balanced networks for innovation [J]. Strategic Management Journal, 2014 (5).

[183] Pergelova A, Manolova T, Simeonova-Ganeva R, Yordanova D. Democratizing entrepreneurship? Digital technologies and the internationalization of female-led SMEs [J]. Journal of Small Business Management, 2019 (1).

[184] Petricevic O, Teece D J. The structural reshaping of globalization: implications for strategic sectors profiting from innovation and the multinational enterprise [J]. Journal of International Business Studies, 2019 (9).

[185] Phelps C C. A longitudinal study of the influence of alliance network structure and composition on firm exploratory innovation [J]. Academy of Management Journal, 2010 (4).

[186] Porter M E, Heppelmann J E. How smart connected products are transforming competition [J]. Harvard Business Review, 2014 (11).

[187] Prashantham S, Young S. Post-entry speed of international new ventures [J]. Entrepreneurship Theory and Practice, 2011 (2).

[188] Rajala A, Hautala-Kankaanpaeae T. Exploring the effects of SMEs' platform-based digital connectivity on firm performance-the moderating role of environmental turbulence [J]. Journal of Business & Industrial Marketing, 2023 (13).

[189] Ray P, Ray S, Kumar V. A knowledge-based view of emerging market firm internationalization: the case of the Indian IT industry [J]. Journal of Knowledge Management, 2023 (4).

[190] Reck F, Fliaster A, Kolloch M. How to build a network that facilitates firm-level innovation: an integration of structural and managerial perspectives [J]. Journal of Management Studies, 2022 (4).

[191] Rietveld J, Eggers J P. Demand heterogeneity in platform markets: implications for complementors [J]. Organization Science, 2018 (2).

[192] Rong K, Ren Q, Shi X. The determinants of network effects: evidence from online games business ecosystems [J]. Technological Forecasting and Social Change, 2018 (9).

[193] Rowley T, Behrens D, Krackhardt D. Redundant governance structures: an analysis of structural and relational embeddedness in the steel and semiconductor industries [J]. Strategic Management Journal, 2000 (3).

[194] Rui H C, Bruyaka O. Strategic network orchestration in emerging markets: China's catch-up in the high-speed train industry [J]. British Journal of Management, 2021 (1).

[195] Sakarya S, Eckman M, Hyllegard K H. Market selection for international expansion: assessing opportunities in emerging markets [J]. International Marketing Review, 2007 (2).

[196] Santoro G, Ferraris A, Giacosa E, Giovando G. How SMEs engage in open innovation: a survey [J]. Journal of the Knowledge Economy, 2018 (2).

[197] Sattar N, Mcinnes I B, Mcmurray J J V. Obesity is a risk factor for severe COVID-19 infection multiple potential mechanisms [J]. Circulation, 2020 (1).

[198] Schepis D, Purchase S, Butiler B. Facilitating open innovation processes through network orchestration mechanisms [J]. Industrial Marketing Management, 2021 (5).

[199] Schilling M A. Technology success and failure in winner-take-all markets: the impact of learning orientation timing and network externalities [J].

Academy of Management Journal, 2002 (2).

[200] Schüler F, Petrik D. Measuring network effects of digital industrial platforms: towards a balanced platform performance management [J]. Information Systems and E-Business Management, 2023 (4).

[201] Schulze C, Schöler L, Skiera B. Not all fun and games: viral marketing for utilitarian products [J]. Journal of Marketing, 2014 (1).

[202] Shaheer N A, Li S. The CAGE around cyberspace? How digital innovations internationalize in a virtual world [J]. Journal of Business Venturing, 2020 (1).

[203] Shan P, Song M, Ju X. Entrepreneurial orientation and performance: is innovation speed a missing link? [J]. Journal Business Research, 2016 (2).

[204] Shankar V, Bayus B L. Network effects and competition: an empirical analysis of the home video game industry [J]. Strategic Management Journal, 2003 (4).

[205] Shapiro C, Varian H R, Becker W E. Information rules: a strategic guide to the network economy [J]. Journal of Economic Education, 1999 (2).

[206] Sheng L, Zhao H, Zhao J. Why will Trump lose the trade war? [J]. China Economic Journal, 2019 (2).

[207] Singh N, Kundu S. Explaining the growth of e-commerce corporations (ECCs): an extension and application of the eclectic paradigm [J]. Journal of International Business Studies, 2002 (4).

[208] Soda G, Usai A, Zaheer A. Network memory: the influence of past and current networks on performance [J]. Academy of Management Journal, 2004 (6).

[209] Srinivasan A, Venkatraman N. Entrepreneurship in digital platforms: a network-centric view [J]. Strategic Entrepreneurship Journal, 2018 (1).

[210] Stallkamp Maximilian, Schotter Andreas. Platforms without borders? The international strategies of digital platform firms [J]. Global Strategy Journal, 2019 (1).

[211] Suárez D. Persistence of innovation in unstable environments: continuity and change in the firm's innovative behavior [J]. Research Policy,

2014 (4).

[212] Sullivan D. Measuring the degree of internationalization of a firm [J]. Journal of International Business Studies, 1994 (2).

[213] Sun M, Tse E. When does the winner take all in two-sided markets? [J]. Review of Network Economics, 2007 (1).

[214] Svahn F, Mathiassen L, Lindgren R, et al. Mastering the digital innovation challenge [J]. MIT Sloan Management Review, 2017 (3).

[215] Svahn F, Mathiassen L, Lindgren R. Embracing digital innovation in incumbent firms: how volvo cars managed competing concerns [J]. Management Information Systems, 2017 (1).

[216] Tallman S, Luo Y, Buckley P. Business models in global competition [J]. Global Strategy Journal, 2018 (4).

[217] Tang H J, Yao Q, Boadu F, Xie Y. Distributed innovation digital entrepreneurial opportunity IT-enabled capabilities and enterprises' digital innovation performance: a moderated mediating model [J]. European Journal of Innovation Management, 2023 (4).

[218] Tantalo C, Priem R L. Value creation through stakeholder synergy [J]. Strategic Management Journal, 2016 (2).

[219] Tao A, Qi Q, Li Y, Da D, Boamah V, Tang D C. Game analysis of the open-source innovation benefits of two enterprises from the perspective of product homogenization and the enterprise strength gap [J]. Sustainability, 2022 (9).

[220] Tavassoli S, Karlsson C. Persistence of various types of innovation analysed and explained [J]. Research Policy, 2015 (10).

[221] Teece D J. Profiting from innovation in the digital economy: enabling technologies standards and licensing models in the wireless world [J]. Research Policy, 2018 (8).

[222] Thakurta R, Deb S G. Is it investments and firm performance: Indian evidence [J]. Journal of Global Information Technology Management, 2018 (3).

[223] Topkis D M. Supermodularity and complementarity [M]. Princeton

university press, 2011.

[224] Vahlne J E, Johanson J. The Uppsala model: networks and microfoundations [J]. Journal of International Business Studies, 2020 (1).

[225] Van Dyck M, Lüttgens D, Piller F T, et al. Interconnected digital twins and the future of digital manufacturing: insights from a delphi study [J]. Journal of Product Innovation Management, 2023 (4).

[226] Vives X. Nash equilibrium with strategic complementarities [J]. Journal of Mathematical Economics, 1990 (3).

[227] Wang C, Rodan S, Fruin M, et al. Knowledge networks collaboration networks and exploratory innovation [J]. Academy of Management Journal, 2014 (2).

[228] Wang H, Chen W R. Is firm-specific innovation associated with greater value appropriation? The roles of environmental dynamism and technological diversity [J]. Research Policy, 2010 (1).

[229] Wang L Y, Zhao C M, Wei W Y, Li S N. Research on the influence mechanism of enterprise Industrial internet standardization on digital innovation [J]. Sustainability, 2023 (9).

[230] Welsh A H. The trimmed mean in the linear model [J]. The Annals of Statistic, 1987 (1).

[231] Wen J Y, Qualls W J, Zeng D M. To explore or exploit: the influence of inter-firm R&D network diversity and structural holes on innovation outcomes [J]. Technovation, 2021 (1).

[232] Witt M A. De-globalization: theories predictions and opportunities for international business research [J]. Journal of International Business Studies, 2019 (7).

[233] Xie W, Lin P, Li Z, Guo H. A literature review of digital innovation: concept and value creation [J]. Foreign Economy and Management, 2020 (9).

[234] Yang Z N, Hou Y F, Wu C. The balancing effect of open innovation networks in the "dual circulation" of Chinese enterprises: an investigation based on digital empowerment and organizational flexibility [J]. Journal of Management

World, 2022 (4).

[235] Yoo Y, Boland R J, Lyytinen K, Majchrzak A. Organizing for innovation in the digitized world [J]. Organization Science, 2012 (5).

[236] Zhang A C, Zeng J J, Bi C. How does listing affect corporate innovation? Evidence from China's national equities exchange and quotations market [J]. Technology Analysis and Strategic Management, 2022 (10).

[237] Zhang G Y, Tang C Y. How the egocentric alliance network impacts firm ambidextrous innovation: a three-way interaction model [J]. European Journal of Innovation Management, 2022 (1).

[238] Zhang Y L, Gao C Y, Wang J. Financing constraints and innovation performance: the moderating role of the network location of cross-border innovation cooperation among Internet enterprises [J]. European Journal of Innovation Management, 2023 (6).

[239] Zhao Y, Qi N N, Li L Y, Li Z, Han X, Xuan L. How do knowledge diversity and ego-network structures affect firms' sustainable innovation: evidence from alliance innovation networks of China's new energy industries [J]. Journal of Knowledge Management, 2023 (1).

[240] Zheng J L, Qiao H, Zhu X M, Wang S Y. Knowledge-driven business model innovation through the introduction of equity investment: evidence from China's primary market [J]. Journal of Knowledge Management, 2021 (1).

[241] Zheng P, XU X, Chen C H. A data-driven cyber-physical approach for personalised smart connected product co-development in a cloud-based environment [J]. Journal of Intelligent Manufacturing, 2020 (1).